EL CORREO
DE ANDALUCÍA   DECANO DE LA PRENSA DE ANDALUCÍA

Edita: EDITORIAL SEVILLANA, S.A.
Avd. de la Prensa, 1
41007 - SEVILLA

Ataúdes de artesanía
Títulos originales: *Handcarved Coffins* y *Derring-Do*
Traducción: Domingo Santos
Licencia editorial para Bibliotex, S.L.
© 1975, 1977, 1979, 1980, Truman Capote
© 1987, Allan U. Schwartz

ISBN: 84-8130-023-3
Depósito legal: B. 18.149-1993

Impresión y encuadernación:
Printer, Industria Gráfica, S.A.

Colección que se entrega inseparablemente con este diario.

ATAÚDES DE ARTESANÍA
Un relato real de un crimen norteamericano
(1979)

Marzo de 1975.

Una ciudad en un pequeño estado del Oeste. La ciudad, con una población de menos de diez mil almas, foco de muchas grandes granjas y rodeada de ranchos ganaderos, tiene doce iglesias y dos restaurantes. Un cine, aunque no ha pasado una película en diez años, se alza todavía orgulloso y alegre en la Calle Mayor. En sus tiempos hubo igualmente un hotel; pero también ha cerrado, y hoy en día el único lugar donde un viajero puede hallar cobijo es en el motel de la Pradera.

El motel es limpio, con las habitaciones bien caldeadas; eso es todo lo que puede decirse de él. Un hombre llamado Jake Pepper ha estado viviendo allí durante casi cinco años. Tiene cincuenta y ocho años, es viudo, con cuatro hijos ya crecidos. Mide metro sesenta y cinco, está en buenas condiciones físicas, y parece quince años más joven que su edad. Tiene un rostro sencillo y agradable, con ojos azul vincapervinca y una boca delgada que se frunce a menudo en lo que a veces parece una sonrisa y a veces no. El secreto de su apariencia juvenil no es su larguirucha delgadez, ni sus sonrosadas mejillas como manzanas maduras, ni su traviesa y misteriosa sonrisa; es debido a su pelo, que parece como el del hermano pequeño de cualquiera: rubio oscuro, cortado muy corto, y tan lleno de remolinos que no puede peinárselo; simplemente lo moja y lo deja caer.

Jake Pepper es un detective de la Oficina Estatal de Investigación. Nos conocimos a través de un buen amigo mutuo, un detective de otro estado. En 1972 me escribió una carta diciendo que trabajaba en un caso de asesinato, algo que pensaba que podía interesarme. Le telefoneé, y hablamos durante tres horas. Me interesó mucho lo que tenía que decirme, pero él se alarmó cuando le sugerí viajar hasta allí y examinar personalmente la situación; dijo que era prematuro y que podía poner en peligro su investigación, pero prometió mantenerme informado. Durante los siguientes tres años intercambiamos llamadas telefónicas cada pocos meses. El caso, que se desarrollaba a través de una serie de vericuetos tan intrincados como un laberinto para ratones, parecía haber llegado a un punto muerto. Finalmente dije: Déjeme tan sólo ir y echar un vistazo.

Y así me encontré una fría noche de marzo sentado con Jake Pepper en su habitación del motel en las heladas y ventosas afueras de aquella pequeña y olvidada ciudad del Oeste. En realidad la habitación era agradable, acogedora; después de todo, había sido el hogar de Jake durante casi cinco años, y en ella se había instalado estantes donde poner las fotos de su familia, sus hijos y sus nietos, y guardar centenares de libros, muchos de ellos relativos a la Guerra Civil y todos reflejo de la selección de un hombre inteligente: le gustaban Dickens, Melville, Trollope, Mark Twain.

Jake estaba sentado con las piernas cruzadas y un vaso de bourbon a su lado. Tenía un tablero de ajedrez delante; movió de forma ausente una pieza.

TC: Lo más sorprendente es que nadie parezca saber nada sobre este caso. Casi no ha recibido publicidad.
JAKE: Hay dos razones.
TC: Nunca he sido capaz de situarlo todo en su secuencia adecuada. Es como un puzzle al que le falten la mitad de las piezas.
JAKE: ¿Por dónde empezamos?
TC: Por el principio.
JAKE: Vaya al escritorio. Mire en el cajón del fondo. ¿Ve esa

pequeña caja de cartón? Eche un vistazo a lo que hay dentro. (Lo que hallé dentro de la caja fue un ataúd en miniatura. Era un hermoso objeto de artesanía, tallado a mano en ligera madera de balsa. No estaba decorado; pero cuando uno abría la tapa a bisagra descubría que el ataúd no estaba vacío. Contenía una fotografía: una instantánea casual y espontánea de dos personas de mediana edad, un hombre y una mujer, cruzando una calle. No era una foto de pose; daba la impresión de que las dos personas no se habían dado cuenta de que estaban siendo fotografiadas.)

Ese pequeño ataúd..., supongo que es lo que usted llamaría el principio.

TC: ¿Y la foto?

JAKE: George Roberts y su esposa. George y Amelia Roberts.

TC: El señor y la señora Roberts. Por supuesto. Las primeras víctimas. ¿Él era abogado?

JAKE: Era abogado, y una mañana (para ser exactos, el diez de agosto de 1970) recibió un regalo por correo. Este pequeño ataúd. Con la foto dentro. Roberts era un hombre despreocupado; se lo mostró a algunas personas en el tribunal, y actuó como si se tratara de una broma. Un mes más tarde, George y Amelia estaban muertos.

TC: ¿Cuándo entró usted en el caso?

JAKE: Inmediatamente. Una hora después de que los hallaran yo ya estaba de camino hacia aquí con otros dos agentes de la Oficina. Cuando llegamos los cadáveres todavía estaban en el coche. Y también lo estaban las serpientes. Eso es algo que nunca olvidaré. Nunca.

TC: Adelante. Descríbalo con exactitud.

JAKE: Los Roberts no tenían hijos. Ni tampoco enemigos. Todo el mundo los quería. Amelia trabajaba para su marido; era su secretaria. Sólo tenían un coche, y siempre iban juntos al trabajo. La mañana en la que ocurrió era muy calurosa. Bochornosa. Así que supongo que se sorprendieron cuando salieron a coger el coche y lo encontraron con todas las ventanillas subidas. De todos modos, entraron en él, cada uno por su portezuela, y tan pronto como estuvieron dentro..., *¡bam!* Una maraña de serpientes de cascabel los golpearon como un rayo. Hallaron nueve grandes serpientes dentro del coche. Todas habían sido inyectadas con anfetaminas; estaban enloquecidas, mordieron a los Roberts en todas partes: cuello, brazos, orejas, mejillas, manos. Pobre gente. Sus cabezas estaban hinchadas como esas calabazas del Halloween pintadas de verde. Debieron morir casi al instante. Espero. De veras lo espero.

TC: Las serpientes de cascabel no son muy abundantes en esta región. No al menos de ese calibre. Debieron de ser traídas desde otro sitio.

JAKE: Lo fueron. De una granja de serpientes en Nogales, Texas. Pero ahora todavía no es el momento de contarle cómo sé esto.

(Fuera, una costra de nieve alfombraba el suelo; la primavera todavía se hallaba lejos; el fuerte viento que azotaba la ventana anunciaba que el invierno estaba aún con nosotros. Pero el sonido del viento era sólo un murmullo en mi cabeza debajo del resonar de los cascabeles de las serpientes y el sisear de sus lenguas. Vi el coche bajo el ardiente sol, las serpientes que no dejaban de agitarse, las cabezas humanas que se volvían verdes y se expandían con el veneno. Escuché el viento, dejé que arrastrara y se llevara la escena.)

JAKE: Por supuesto, no sabemos si los Baxter recibieron también un ataúd. Estoy seguro de que sí; de otro modo no encajaría con el esquema. Pero nunca mencionaron haber recibido uno, y nunca hallamos la menor huella de él.

TC: Quizá se perdió en el incendio. Pero, ¿no había alguien con ellos, otra pareja?

JAKE: Los Hogan. De Tulsa. Eran unos simples amigos de los Baxter que estaban de paso. El asesino nunca tuvo intención de matarlos. Fue un accidente.

Mire, lo que ocurrió fue: los Baxter se estaban construyendo una nueva y hermosa casa, pero lo único que estaba realmente terminado era el sótano. Todo lo demás todavía se hallaba en construcción. Roy Baxter era un hombre acomodado;

hubiera podido permitirse alquilar todo este motel mientras construían su casa. Pero prefirió vivir en su sótano, y la única entrada era a través de una trampilla.

Era diciembre, tres meses después de los asesinatos de las serpientes de cascabel. Todo lo que sabemos seguro es: los Baxter invitaron a esa pareja de Tulsa a pasar la noche con ellos en su sótano. Y en algún momento poco antes del amanecer estalló el fuego en aquel sótano, y las cuatro personas resultaron carbonizadas. Literalmente: quedaron reducidas a cenizas.

TC: Pero, ¿no pudieron haber escapado por la trampilla?

JAKE (retorciendo los labios en un bufido): Demonios, no. El incendiario, el asesino, había apilado bloques de cemento encima de ella. Ni King Kong hubiera podido abrirla.

TC: Pero obviamente tenía que haber alguna conexión entre el fuego y las serpientes de cascabel.

JAKE: Eso es fácil de decir ahora. Pero que me maldiga si en aquel momento pude establecer ninguna. Teníamos a cinco chicos trabajando en el caso; sabíamos más sobre George y Amelia Roberts, sobre los Baxter y los Hogan, de lo que ellos llegaron a saber nunca de sí mismos. Apuesto a que George Roberts nunca supo que su esposa había dado a luz un hijo cuando tenía quince años y lo entregó en adopción.

Por supuesto, en un lugar de este tamaño, todo el mundo conoce más o menos a todo el mundo, al menos de vista. Pero no conseguimos encontrar nada que relacionara a las víctimas. O algún motivo. No había ninguna razón, nada que pudiéramos descubrir, por la que alguien pudiera desear matar a ninguna de esas personas. (Estudió su tablero de ajedrez; encendió una pipa y dio un sorbo a su bourbon.) Las víctimas, todas ellas, eran desconocidas para mí. Nunca había oído hablar de ellas hasta que estuvieron muertas. Pero la siguiente era un amigo mío. Clem Anderson. Noruego de segunda generación. Había heredado un rancho de su padre aquí, una hermosa propiedad. Habíamos ido juntos a la universidad, aunque él era aún un novato cuando yo ya estaba en los últimos cursos. Se casó con una vieja amiga mía, un chica maravillosa, la única chica que he visto nunca con los ojos color lavanda. Como amatistas. A veces, cuando sentía añoranza, hablaba de Amy y de sus ojos amatista, y mi esposa no consideraba que fuera divertido. Sea como sea, Clem y Amy se casaron y se mudaron aquí, y tuvieron siete hijos. Cené con ellos en su casa la noche antes de que él fuera asesinado, y Amy dijo que lo único que lamentaba en su vida era no haber tenido más hijos.

Pero había estado viendo a Clem con frecuencia antes de eso. Desde que llegué aquí a hacerme cargo del caso. Tenía una vena salvaje, bebía demasiado; pero era muy listo, me enseñó mucho acerca de esta ciudad.

Una noche me llamó aquí al motel. Dijo que tenía que verme en seguida. De modo que respondí adelante, ven. Pensé que estaba borracho pero no lo estaba; estaba asustado. ¿Sabe por qué?

TC: Santa Claus le había enviado un regalo.

JAKE: Ajá. Pero vea el detalle, él no sabía lo que era. Lo que significaba. El ataúd, y su posible conexión con el asesinato de las serpientes de cascabel, no se había hecho público. Lo manteníamos en secreto. Yo nunca se lo había mencionado a Clem.

Así que cuando llegó a esta misma habitación y me mostró un ataúd que era una réplica exacta del que habían recibido los Roberts, supe que mi amigo corría un gran peligro. Se lo habían enviado por correo en una caja envuelta en papel marrón; su nombre y dirección estaban impresos de una forma anónima. Con tinta negra.

TC: ¿Y había una foto de él?

JAKE: Sí. Y la describiré con detalle porque tiene mucho que ver con la forma en que murió Clem. En realidad, creo que el asesino la consideraba como un pequeño chiste, un astuto indicio acerca de cómo iba a morir Clem.

En la foto, Clem está sentado en una especie de jeep. Era un excéntrico vehículo inventado por él. No tenía capota ni parabrisas, nada en absoluto que protegiera al conductor. Era tan sólo un motor con cuatro ruedas. Dijo que nunca había visto la foto antes, y que no tenía idea de quién se la había tomado o cuándo.

Ahora yo me enfrentaba a una difícil decisión. ¿Debía confiar en él, admitir que la familia Roberts había recibido un ataúd similar antes de su muerte, y que los Baxter probablemente también lo habrían recibido? De alguna forma podía ser mejor no informarle: de ese modo, si manteníamos una estrecha vigilancia, él podría conducirnos al asesino, y las cosas serían mucho más fáciles si no se daba cuenta del peligro que corría.

TC: Pero decidió decírselo.

JAKE: Lo hice. Porque, con este segundo ataúd en las manos, estaba seguro de que los asesinatos estaban conectados. Y tenía la sensación de que Clem debía conocer la respuesta. *Debía* conocerla.

Pero, después de explicarle el significado del ataúd, se sumió en un estado de shock. Tuve que abofetearle. Y luego fue como un niño; se echó en la cama y se puso a llorar. «Alguien va a matarme. ¿Por qué? ¿Por qué?» Le dije: «Nadie va a matarte, eso te lo prometo. ¡Pero *piensa*, Clem! ¿Qué tienes en común con esas personas que *murieron*? Tiene que haber algo. Quizás algo muy trivial.» Pero todo lo que pudo decir fue: «No lo sé. No lo sé.» Le obligué a beber hasta que estuvo lo bastante borracho como para quedarse dormido. Pasó la noche aquí. Por la mañana estaba más calmado. Pero seguía sin poder pensar en nada que lo conectara con los crímenes, sin ver cómo encajaba en el esquema general. Le pedí que no hablara de lo del ataúd con nadie, ni siquiera con su esposa; y le dije que no se preocupara: iba a traer a dos agentes extras sólo para que le vigilaran.

TC: ¿Y cuánto tiempo transcurrió antes de que el que había hecho el ataúd cumpliera con su promesa?

JAKE: Oh, supongo que debía estar disfrutando con todo aquello. Incitaba como el pescador con una trucha atrapada en el anzuelo. La Oficina trajo a los agentes extras, y finalmente incluso Clem pareció tranquilizarse. Transcurrieron seis meses.

Amy me llamó y me invitó a cenar. Era una cálida noche de verano. El aire estaba lleno de luciérnagas. Algunos de los niños las perseguían para atraparlas y meterlas en frascos de cristal.

Cuando me iba, Clem me acompañó hasta el coche. Un estrecho río discurría junto al sendero donde había aparcado, y Clem dijo: «Acerca de ese asunto de las conexiones. El otro día pensé de pronto en algo. El río.» Yo le pregunté qué río, y él me dijo que aquel río, el que teníamos al lado. «Es una historia más bien complicada. Y probablemente estúpida. Pero te la contaré la próxima vez que nos veamos.»

Por supuesto, nunca volví a verle. Al menos, no vivo.

TC: Es casi como si él os hubiera oído.

JAKE: ¿Quién?

TC: Santa Claus. Quiero decir, ¿no es curioso que después de todos esos meses Clem Anderson mencionara el río, y que al día siguiente, antes de que pudiera decirte por qué había recordado de pronto el río, el asesino cumpliera con su promesa?

JAKE: ¿Cómo está su estómago?

TC: Muy bien.

JAKE: Entonces le mostraré algunas fotografías. Pero mejor sírvase una copa. La va a necesitar.

(Las fotos, tres de ellas, eran en blanco y negro, con acabado brillante, hechas de noche y con flash. La primera era del jeep de fabricación casera de Clem Anderson en una estrecha carretera del rancho, donde había volcado y yacía de lado, con los faros aún encendidos. La segunda fotografía era de un torso sin cabeza despatarrado en la misma carretera: un hombre decapitado vestido con botas y Levis y una chaquetilla de piel de oveja. La última foto era de la cabeza de la víctima. No podría haber sido cortada más limpiamente por una guillotina o por el bisturí de un experto cirujano. Estaba entre un montón de hojas, como si un bromista la hubiera arrojado allí. Los ojos de Clem Anderson estaban abiertos, pero no parecían muertos, tan sólo serenos, y excepto un chirlo irregular en la frente su rostro parecía tan tranquilo, tan libre de violencia como sus inocentes y pálidos ojos noruegos. Mientras examinaba las fotografías, Jake se inclinó sobre mi hombro y las contempló conmigo.)

JAKE: Fue más o menos al anochecer. Amy esperaba a Clem en casa para cenar. Envió a uno de sus chicos a la carretera a su encuentro. Fue él quien lo encontró.

Primero vio el vehículo volcado. Luego, un centenar de metros más adelante, encontró el cuerpo. Corrió de vuelta a casa, y su madre me llamó. Recorrimos el camino primero arriba por un lado y luego abajo por el otro. Pero fue uno de mis agentes quien descubrió la cabeza. Estaba a bastante distancia del cuerpo. De hecho, estaba allá donde el cable la había seccionado.

TC: El cable, sí. Nunca he comprendido lo del cable. Es tan...

JAKE: ¿Hábil?

TC: Más que hábil. Descabellado.

JAKE: No hay nada de descabellado en ello. Nuestro amigo se limitó a imaginar una hermosa forma de decapitar a Clem Anderson. Matarlo sin ninguna posibilidad de testigos.

TC: Supongo que se trata del elemento matemático. Siempre me ha asombrado todo lo que se refiere a las matemáticas.

JAKE: Bueno, el caballero responsable de esto seguro que tiene una mente matemática. Al menos tuvo que tomar una serie de medidas muy exactas.

TC: ¿Colocó un cable entre dos árboles?

JAKE: Entre un árbol y un poste telefónico. Un fuerte cable de acero muy delgado, afilado como una navaja. Virtualmente invisible, incluso a plena luz del día. Pero al anochecer, cuando Clem se salió de la carretera principal y se metió con ese loco trasto por el estrecho camino del rancho, era imposible que lo hubiera visto. Lo alcanzó exactamente allá donde se suponía que debía hacerlo: justo por debajo de la barbilla. Y, como puede ver, le rebanó la cabeza con tanta facilidad como una muchacha arranca los pétalos de una margarita.

TC: Pero muchas cosas hubieran podido ir mal.

JAKE: ¿Y qué si así hubiera sido? ¿Qué hubiera importado un fallo? Lo hubiera intentado de nuevo. Y de nuevo, hasta tener éxito.

TC: *Eso* es lo descabellado. Siempre tiene éxito.

JAKE: Sí y no. Pero volveremos a eso más tarde.

(Jake deslizó las fotos dentro de un sobre de papel manila. Dio una chupada a su pipa y se peinó con los dedos el arremolinado pelo. Yo guardé silencio, porque capté la tristeza que lo invadía. Al fin le pregunté si estaba cansado, si quería que lo dejáramos. Dijo que no, sólo eran las nueve, nunca se iba a la cama antes de medianoche.)

TC: ¿Está usted completamente solo ahora en el caso?

JAKE: No, por Cristo, me volvería loco. Me turno con otros dos agentes. Pero sigo siendo el principal encargado del caso. Y así quiero que sea. He efectuado una auténtica inversión aquí. Y voy a atrapar a ese tipo aunque sea la última cosa que haga en mi vida. Cometerá un error. De hecho, ya ha cometido alguno. Aunque no puedo decir que la forma en que se encargó del doctor Parsons fuera uno de ellos.

TC: ¿El coroner?

JAKE: El coroner. El pequeño, delgado y jorobado coroner.

TC: Espere un momento. Al principio, ¿no creyó usted que era un suicidio?

JAKE: Si conociera usted al doctor Parsons también habría pensado que era suicidio. Era un hombre que tenía todas las razones del mundo para matarse. O para hacerse matar. Su esposa es una mujer hermosa, y él la enganchó a la morfina. Así es como consiguió que se casara con él. Era un prestamista. Un abortista. Al menos una docena de viejas chochas se lo dejaron todo en su testamento. Un auténtico bellaco, el doctor Parsons.

TC: Parece que no le caía bien.

JAKE: A nadie le caía bien. Pero lo que he dicho antes no es cierto. Le dije que Parsons era un tipo que tenía todas las razones del mundo para matarse. En realidad, no tenía ninguna razón en absoluto. Dios estaba en Su cielo, y el sol brillaba sobre Parsons las veinticuatro horas del día. Lo único que le molestaba era que tenía úlcera. Y una especie de indigestión permanente. Siempre llevaba consigo esas enormes botellas de Maalox. Se pulía un par de ellas al día.

TC: Sea como sea, ¿todo el mundo se sorprendió cuando oyó que el doctor Parsons se había suicidado?

JAKE: Bueno, no. Porque nadie pensó que se hubiera suicidado. No al principio.

TC: Lo siento, Jake, pero vuelvo a estar confuso.

> (La pipa de Jake se había apagado; la vació en un cenicero y tomó un cigarro, que no encendió; era un objeto para masticar, no para fumar. Un perro con un hueso.)

Para empezar, ¿cuánto tiempo transcurrió entre los funerales? ¿Entre el de Clem Anderson y el del doctor Parsons?

JAKE: Cuatro meses. Más o menos.

TC: ¿Y envió Santa Claus un regalo al doctor también?

JAKE: Espere. Espere. Va usted demasiado aprisa. El día que murió Parsons..., bueno, simplemente pensamos que había sido de muerte natural. Nada más. Su enfermera lo encontró tendido en el suelo de su consulta. Alfred Skinner, otro doctor de la ciudad, dijo que probablemente había sufrido un ataque al corazón; que le haría la autopsia para asegurarse.

Aquella misma noche recibí una llamada de la enfermera de Parsons. Me dijo que a la señora Parsons le gustaría hablar conmigo, y respondí que estupendo. Fui para allá.

La señora Parsons me recibió en su dormitorio, una habitación de la que raras veces sale; confinada allí, supongo, por los placeres de la morfina. Ciertamente no es una inválida, no en un sentido ordinario. Es una mujer encantadora, y de aspecto enteramente saludable: buen color en las mejillas, aunque su piel es lisa y pálida como la superficie de una perla. Pero sus ojos eran demasiado brillantes y sus pupilas estaban dilatadas.

Estaba echada en la cama, apoyada en un montón de almohadones de encaje. Me fijé en sus uñas: muy largas y cuidadosamente esmaltadas; y sus manos eran muy elegantes también. Pero lo que sostenía en ellas no era muy elegante.

TC: ¿Un regalo?

JAKE: Exactamente el mismo que los demás.

TC: ¿Qué es lo que dijo?

JAKE: Dijo: «Creo que mi esposo ha sido asesinado.» Pero estaba muy tranquila; no parecía alterada, no se apreciaba tensión en ninguno de sus rasgos.

TC: La morfina.

JAKE: Algo más que eso. Es una mujer que ya ha abandonado la vida. La contempla a través de una puerta…, sin pesar.

TC: ¿Se daba cuenta del significado del ataúd?

JAKE: En realidad no. Como tampoco debió darse cuenta su marido. Aunque era el coroner del condado, y en teoría formaba parte de nuestro equipo, nunca confiamos en él. No sabía nada de los ataúdes.

TC: Entonces, ¿por qué pensaba ella que su marido había sido asesinado?

JAKE (mordisqueando su cigarro, con el ceño fruncido): *Por* el ataúd. Dijo que su marido se lo había mostrado hacía unas semanas. No se lo había tomado en serio; creía que no era más que algún gesto de despecho de alguien, algo que le había enviado uno de sus enemigos. Pero *ella* dijo que en el momento en que él le mostró el ataúd y ella vio la foto que había en su interior, sintió que caía «una sombra». Es extraño, pero creo que lo amaba. Esa hermosa mujer. A ese pequeño jorobado.

Cuando nos dijimos buenas noches me llevé el ataúd conmigo y remaché la importancia de no mencionarle el asunto a nadie. Después de eso, todo lo que podíamos hacer era esperar el informe de la autopsia. Que fue: muerte por envenenamiento, probablemente autoadministrado.

TC: Pero *usted* sabía que era asesinato.

JAKE: Lo sabía. Y la señora Parsons lo sabía también. Pero todos los demás creyeron que era un suicidio. La mayoría aún siguen creyéndolo.

TC: ¿Y qué tipo de veneno eligió nuestro amigo?

JAKE: Nicotina líquida. Un veneno muy puro, rápido y potente, incoloro e inodoro. No sabemos exactamente cómo le fue

administrado, aunque sospecho que fue mezclado con el querido Maalox del doctor. Un buen sorbo, y adiós.

TC: Nicotina líquida. Nunca había oído hablar de ella.

JAKE: Bueno, no es exactamente algo de marca..., como el ar-
sénico. Hablando de nuestro amigo, el otro día tropecé con
algo, algo de Mark Twain, que me llamó la atención como
muy apropiado. (Después de rebuscar en sus estantes y encontrar el volumen que deseaba, Jake recorrió arriba y abajo la habitación y leyó en voz alta con una voz distinta de la suya: una
voz ronca y furiosa.) «De todas las criaturas creadas, el hombre
es la más *detestable*. De toda la camada él es el único, el solitario, que posee malicia. Ése es el más bajo de todos los instintos, pasiones, vicios..., el más odioso. Es la única criatura que
inflige dolor por deporte, sabiendo que *es* dolor. También, en'
toda la lista, es la única criatura que posee una mente perversa.» (Jake cerró el libro de golpe y lo arrojó sobre la cama.)
Detestable. Malicioso. Una mente perversa. Sí, señor, esto des-
cribe perfectamente al señor Quinn. Aunque no en su totali-
dad. El señor Quinn es un hombre de muchos y variados ta-
lentos.

TC: Nunca me mencionó este nombre antes.

JAKE: Sólo hace seis meses que lo conozco. Pero es él. Quinn.
(Jake golpeó una y otra vez con el puño cerrado la palma
de su otra mano, como un furioso prisionero confinado demasiado tiempo, frustrado. Bueno, llevaba prisionero de
este caso varios años; la gran furia, como el gran whisky,
requiere una larga fermentación.)

El caballero Robert Hawley Quinn. Un caballero de lo más es-
timado.

TC: Pero un caballero que comete errores. De otro modo no
sabría usted su nombre. O más bien no sabría que *era* nuestro
amigo.

JAKE: (Silencio; no estaba escuchando.)

TC: ¿Fueron las serpientes? Dijo usted que procedían de una
granja de serpientes de Texas. Si sabía esto, entonces debía saber quién las compró.

JAKE (desaparecida la furia; bostezando): ¿Qué?

TC: Por cierto, ¿por qué les inyectaron anfetaminas a las serpientes?

JAKE: ¿Por qué cree usted? Para estimularlas. Para incrementar su ferocidad. Fue como arrojar una cerilla encendida a un bidón de gasolina.

TC: Sin embargo, me pregunto de qué modo consiguió inyectar a las serpientes, y meterlas en el coche, sin que le mordieran.

JAKE: Le enseñaron cómo hacerlo.

TC: ¿Quién?

JAKE: La mujer que se las vendió.

TC: ¿Una *mujer*?

JAKE: La granja de serpientes de Nogales es propiedad de una mujer. ¿Lo encuentra divertido? Mi chico mayor se casó con una muchacha que trabaja para el departamento de policía de Miami; es una buceadora profesional de grandes profundidades. El mejor mecánico de coches que conozco es una mujer...

> (El teléfono le interrumpió; Jake miró su reloj de pulsera y sonrió, y su sonrisa, tan real y relajada, me dijo no sólo que sabía quién llamaba, sino que era alguien cuya voz esperaba alegremente oír.)

Hola, Addie. Sí, está aquí. Dice que es primavera en Nueva York; yo le he dicho que hubiera debido quedarse allí. No, nada. Sólo tomar unas copas y hablar de ya sabes qué. ¿Mañana es domingo? Pensé que era jueves. Quizás estoy perdiendo la chaveta. Por supuesto que nos encantará venir a comer, Addie..., no te *preocupes* por ello. Nos encantará cualquier cosa que cocines. Eres la mejor cocinera de ambos lados de las Rocosas, al este y al oeste. No hagas nada especial. Sí, bueno, quizás ese pastel de pasas con la cobertura de manzanas. Cierra bien tus puertas. Duerme bien. Sí, lo hago. Ya sabes que lo hago. Buenas noches (esto último en español).

> (Después de colgar, su sonrisa permaneció en sus labios, se hizo más amplia. Finalmente encendió el cigarro, expelió

una placentera bocanada. Apuntó hacia el teléfono y rió quedamente.)

Ése fue el error que cometió el señor Quinn. Adelaide Mason. Nos ha invitado a comer mañana.

TC: ¿Y quién es la señora Mason?

JAKE: La *señorita* Mason. Es una cocinera estupenda.

TC: Pero, ¿además de eso?

JAKE: Addie Mason fue lo que había estado esperando. Mi gran paso adelante.

¿Sabe?, el padre de mi esposa era ministro metodista. Se mostraba muy severo acerca de que toda la familia debía ir unida a la iglesia. Yo acostumbraba a escabullirme tanto como podía, y después de que ella murió ya no volví nunca. Pero hace unos seis meses la Oficina estaba dispuesta a cerrar este caso. Habíamos gastado mucho tiempo y mucho dinero, y no teníamos nada que mostrar; nada en absoluto. Ocho asesinatos, y ni un solo indicio que pudiera relacionar a las víctimas entre sí para producir algo parecido a un motivo. Nada. Excepto esos tres pequeños ataúdes de artesanía.

Me dije a mí mismo: ¡No! ¡No, esto no puede ser! Tiene que haber una *mente* detrás de todo esto, una razón. Empecé a ir a la iglesia. De todos modos, no hay nada que hacer aquí los domingos. Ni siquiera hay un campo de golf. Y recé: ¡Por favor, Dios, no dejes que este hijoputa se salga con bien de esto!

En la calle mayor hay un lugar llamado el café Okay. Todo el mundo sabe que se me puede encontrar allí cada mañana entre las ocho y las diez. Tomo mi desayuno en un rincón, y luego me quedo simplemente por allí leyendo los periódicos y hablando con la gente, los comerciantes del lugar, los que se paran a tomar una taza de café.

El último Día de Acción de Gracias, estaba desayunando allí como de costumbre. Estaba prácticamente solo en el local, puesto que era día de fiesta; y me sentía alicaído: la Oficina me estaba presionando para que cerrara el caso y abandonara el lugar. ¡Cristo, no era que yo no deseara quitarme de encima el polvo de esta maldita ciudad! Por supuesto que lo deseaba.

Pero la idea de abandonar el caso, de dejar a ese diablo que siguiera bailando sobre todas esas tumbas, me daba retortijones de tripas. En una ocasión, pensando en ello, vomité. Realmente vomité.

Bueno, de pronto Adelaide Mason entró en el café. Vino directamente a mi mesa. Nos habíamos encontrado varias veces, pero en realidad nunca había hablado con ella. Es maestra, enseña en primer grado. Vive aquí con su hermana, Marylee, una viuda. Addie Mason me dijo: «Señor Pepper, supongo que no va a pasar usted el Día de Acción de Gracias en el café Okay. Si no tiene otros planes, ¿por qué no viene a comer a nuestra casa? Sólo estamos mi hermana y yo.» Addie no es una mujer nerviosa, pero pese a sus sonrisas y su cordialidad parecía, hum, cómo le diré, distraída. Pensé: Quizá no considere adecuado el que una dama soltera invite a un hombre viudo, un mero conocido, a su casa. Pero antes de que yo pudiera decir sí o no añadió: «A decir verdad, señor Pepper, tengo un problema. Algo que necesito hablar con usted. Esto nos dará la oportunidad de hacerlo. ¿Digamos al mediodía?»

Le confieso que nunca he comido mejor comida..., y en vez de pavo sirvieron pichones con arroz salvaje y un buen champán. Durante toda la comida Addie mantuvo la conversación animada y divertida. No parecía en absoluto nerviosa, pero su hermana sí.

Después de la comida nos sentamos en la sala de estar con café y brandy. Addie se disculpó y salió de la habitación, y cuando volvió llevaba consigo...

TC: ¿Lo adivino?

JAKE: Me lo tendió y dijo: «Esto es lo que deseaba hablar con usted.»

(Los delgados labios de Jake formaron un anillo de humo, luego otro. Hasta que suspiró, el único sonido en la habitación fue el suave maullar del viento arañando la ventana.)

Ha hecho usted un largo viaje. Quizá debiéramos dejarlo por esta noche.

TC: ¿Quiere decir que va a dejarme colgando de este punto?
JAKE (seriamente, pero con una de sus maliciosas sonrisas ambiguas): Sólo hasta mañana. Creo que debería oír usted la historia de Addie de sus propios labios. Vamos; le acompañaré a su habitación).

(Sorprendentemente, el sueño me golpeó tan fuerte y bruscamente como la cachiporra de un ladrón; *había* sido un largo día, mi sinusitis me estaba dando problemas, estaba cansado. Pero al cabo de pocos minutos volvía a estar despierto; o más bien entré en alguna esfera intermedia entre el sueño y la vigilia, con la mente como un prisma de cristal, un instrumento suspendido que captaba los reflejos de las imágenes en espirales: la cabeza de un hombre entre hojas, las ventanillas de un coche estriadas con veneno, los ojos de las serpientes deslizándose en una bruma de calor, el fuego que fluía de la tierra, unos puños abrasados golpeando la trampilla del sótano, un tenso alambre resplandeciendo al anochecer, un torso en medio de un camino, una cabeza entre las hojas, fuego, fuego, fuego fluyendo como un río, río, río. Luego sonó el teléfono.)

VOZ DE HOMBRE: ¿Qué le ocurre? ¿Piensa dormir todo el día?
TC (las cortinas están corridas, la habitación a oscuras, no sé dónde estoy, quién soy): ¿Sí?
VOZ DE HOMBRE: Soy Jake Pepper. ¿Me recuerda? ¿Un tipo normal? ¿Con unos ojos azules normales?
TC: ¡Jake! ¿Qué hora es?
JAKE: Pasadas las once. Addie Mason nos espera dentro de una hora. Así que métase en la ducha. Y póngase algo que le abrigue. Está nevando fuera.

(Era una buena nevada, gruesos copos demasiado pesados para flotar; caían al suelo y lo cubrían. Cuando nos alejamos del motel en el coche de Jake, puso en marcha los limpiaparabrisas. La Calle Mayor estaba gris y blanca y vacía, carente de vida excepto un semáforo solitario que hacía parpadear sus tres colores. Todo estaba cerrado, incluso el café Okay. La melancolía general, el lúgubre silencio de la nieve, nos infectó; ninguno de los dos dijo nada. Pero tuve la sensación de que Jake estaba de buen humor, como si estuviera anticipando acontecimientos agradables. Su saludable rostro resplandecía, y olía, quizá un poco demasiado, a loción para después del afeitado. Aunque su pelo estaba alborotado como siempre, iba cuidadosamente vestido, aunque no como para la iglesia. El lazo rojo que llevaba al cuello era apropiado para ocasiones más festivas. ¿Un galán camino de su cita? La posibilidad se me había ocurrido la otra noche al oírle hablar de la señorita Mason: había como un tono, un timbre, una intimidad.

Pero al instante mismo que conocí a Adelaide Mason taché por completo de mi mente el pensamiento. No importaba lo hastiado y lo solitario que pudiera sentirse Jake, la mujer era simplemente demasiado vulgar. Ésa al menos fue mi impresión inicial. Era un poco más joven que su hermana, Marylee Connor, que era una mujer a punto de cumplir los cincuenta; su rostro era agradable, amable, pero demasiado fuerte, como masculino; los cosméticos no hubieran hecho más que subrayar esta cualidad, y muy juiciosamente no llevaba ninguno. La pulcritud era su rasgo físico más atractivo: su pelo castaño cuidadosamente peinado, sus uñas, su piel; era como si se bañara en algún arroyo especial de agua de lluvia. Ella y su hermana eran nativos de cuarta generación de la ciudad, y ella llevaba enseñando en la escuela desde que abandonara la universidad; uno se preguntaba por qué: con su inteligencia, su carácter y su sofisticación general, era sorprendente que no hubiera buscado un auditorio más amplio para sus habilidades que una clase llena de niños de seis años. «No —me dijo—, soy muy feliz así. Hago lo que me gusta. Enseñar en primer grado. Estar ahí al principio, eso es lo que quiero. Y con los niños de primer grado, ¿sabe?, puedo enseñar todos los temas. Eso incluye buenos modales. Los buenos modales son muy importantes. Son tan pocos mis alumnos a los que se los enseñan en sus hogares.»

La vieja casa de construcción irregular que compartían las hermanas, una herencia de familia, reflejaba, en su cálido y relajante confort, sus sólidos y civilizados colores, y en sus «toques» llenos de atmósfera la personalidad de la mujer más joven, porque la señora Connor, por agradable que fuera, carecía del ojo selectivo y la imaginación de Adelaide Mason.

La sala de estar, en su mayor parte azul y blanca, estaba llena con plantas de flor, y contenía una inmensa jaula victoriana para pájaros, el hogar de media docena de musicales canarios. El comedor era amarillo y blanco y verde, con el suelo de planchas de madera, desnudas y pulidas como espejos; unos troncos ardían en una gran chimenea. Los dones culinarios de la señorita Mason eran mayores aún que lo que Jake había proclamado. Sirvió un extraordinario guiso de carne irlandés y un sorprendente pastel de manzanas y pasas; y hubo vino tinto, vino blanco, champán. El marido de la señora Connor la había dejado bien situada.

Fue durante la comida que mi impresión original de nuestra anfitriona más joven empezó a cambiar. Sí, definitivamente, existía una comprensión entre Jake y aquella dama. Eran amantes. Y observándola más atentamente, viéndola, por así decir, a través de los ojos de Jake, empecé a apreciar el inconfundible interés sensual de él. Cierto, su rostro no era excesivamente agraciado, pero su figura, exhibida bajo un ajustado vestido de punto gris, era adecuada, en realidad en absoluto mala; y *actuaba* como si fuera *sensacional*: una rival de las estrellas de cine más sexys imaginables. El movimiento de sus caderas, los sueltos movimientos de sus afrutados pechos, su voz de contralto, la fragilidad de los gestos de su mano: todo ello ultraseductor, ultrafemenino sin ser afectado. Su poder residía en su actitud: se comportaba como si creyera que era irresistible; y, hubieran sido cuales hubieran sido sus oportunidades, el estilo de la mujer implicaba una historia erótica completa, con notas a pie de página.

Cuando terminó la comida, Jake daba la impresión de desear conducirla directamente al dormitorio; la tensión entre ellos era tan tirante como el cable de acero que había cercenado la cabeza de Clem Anderson. Sin embargo, tomó un cigarro, que la señorita Mason procedió a encender para él. Yo me eché a reír.)

JAKE: ¿Eh?

TC: Es como en una novela de Edith Wharton, *La casa de la alegría*, donde las damas siempre están encendiéndoles cigarros a los caballeros.

SRA. CONNOR (defensivamente): Ésa es la costumbre aquí. Mi madre siempre le encendía los cigarros a mi padre. Aunque no le gustaba el aroma. ¿No es así, Addie?

ADDIE: Sí, Marylee. Jake, ¿quiere un poco más de café?

JAKE: Siéntese, Addie. No quiero nada. Fue una comida maravillosa, y ya es hora de que se relaje un poco. Addie, ¿qué opina usted del aroma del tabaco?

Addie (casi enrojeciendo): Soy muy parcial acerca del olor de un buen cigarro. Si fumara, yo también fumaría cigarros.

JAKE: Addie, volvamos al último Día de Acción de Gracias. Cuando estábamos sentados aquí como lo estamos ahora.

ADDIE: ¿Y le mostré el ataúd?

JAKE: Quiero que le cuente a mi amigo su historia. Exactamente igual a como me la contó a mí.

SRA. CONNOR (echando hacia atrás su silla): ¡Oh, por favor! ¿Debemos volver a hablar de eso? ¡Siempre! ¡Siempre! Tengo pesadillas.

Addie (levantándose y rodeando los hombros de su hermana con un brazo): Está bien, Marylee. No hablaremos de ello. Pasaremos a la sala de estar, y puedes tocar el piano para nosotros.

SRA. CONNOR: Es algo tan *vil*. (Luego, mirándome.) Estoy segura de que pensará usted que soy una terrible pusilánime. No lo dude: lo soy. En cualquier caso, he bebido demasiado vino.

ADDIE: Querida, lo que necesitas es dormir un poco.

SRA. CONNOR: ¿Dormir un poco? Addie, ¿cuántas veces te lo

he dicho? Tengo *pesadillas*. (Luego, recobrándose.) Por supuesto. Dormir un poco. Si me disculpan.

(Tras la marcha de su hermana, Addie se sirvió un vaso de vino tinto, lo alzó, y dejó que el resplandor de la chimenea realzara sus destellos escarlatas. Sus ojos fueron del fuego al vino y luego a mí. Sus ojos eran castaños, pero las distintas iluminaciones —el fuego de la chimenea, las velas sobre la mesa— los coloreaban con una tonalidad amarilla gatuna. En la distancia los canarios enjaulados cantaban, y la nieve, aleteando junto a las ventanas como desgarrados visillos de encaje, enfatizaba la comodidad de la habitación, el calor del fuego, la rojez del vino.)

ADDIE: Mi historia. Hum.

Tengo cuarenta y cuatro años, nunca me he casado, he dado dos veces la vuelta al mundo, intento ir a Europa cada dos veranos; pero es justo decir que excepto un marinero borracho que se volvió loco e intentó violarme en un vapor de carga sueco, nunca me había ocurrido nada de naturaleza extraña hasta este año..., la semana antes del Día de Acción de Gracias.

Mi hermana y yo tenemos un apartado de correos en la estafeta, lo que ellos llaman un «cajón»... No es que tengamos mucha correspondencia, pero estamos suscritas a bastantes revistas. Sea como sea, en mi camino de vuelta a casa de la escuela me detuve a recoger el correo, y en nuestro cajón había un paquete, más bien grande pero muy ligero. Estaba envuelto en un viejo y arrugado papel marrón que parecía como si hubiera sido usado antes, y atado con un cordel viejo. El matasellos era local e iba dirigido a mí. Mi nombre estaba muy bien impreso en letras gruesas con tinta negra. Incluso antes de abrirlo pensé: ¿Qué tipo de porquería es esto? Por supuesto, supongo que lo sabrá usted todo acerca de los ataúdes.

TC: He visto uno, sí.

ADDIE: Bueno, yo no sabía nada acerca de ellos. Nadie me había dicho nada. Era un secreto entre Jake y sus agentes.

(Hizo un guiño a Jake e, inclinando su cabeza hacia atrás,

bebió de un trago todo su vino; lo hizo con una gracia sorprendente, una agilidad que revelaba una magnífica garganta. Jake le devolvió el guiño, dirigió un anillo de humo hacia ella, y el óvalo vacío, flotando en el aire, pareció llevar consigo un mensaje erótico.)

En realidad no abrí el paquete hasta última hora de la noche, porque cuando llegué a casa encontré a mi hermana al pie de las escaleras; se había caído y torcido un tobillo. Vino el médico. Con toda la conmoción, olvidé completamente el paquete hasta después de haberme ido a la cama. Decidí: Oh, bueno, puede esperar hasta mañana. Hubiera debido atenerme a esa decisión; al menos no hubiera perdido una noche de sueño.

Porque..., porque fue *impresionante*. En una ocasión recibí una carta anónima, algo auténticamente atroz..., sobre todo inquietante porque, entre nosotros, una buena parte de lo que había escrito en ella resultó ser cierto. (Riendo, volvió a llenarse el vaso.) En realidad no fue el ataúd lo que me impresionó. Fue la instantánea que había dentro: una foto mía muy reciente, tomada en los escalones fuera de la oficina de correos. Parecía una intrusión, un robo..., el que te hagan una foto cuando no te das cuenta de ello. Puedo sentir simpatía hacia esos africanos que huyen de las cámaras, temerosos de que el fotógrafo pretenda robarles el espíritu. Me sentí impresionada, pero no asustada. Fue mi hermana la que se asustó. Cuando le mostré mi pequeño regalo dijo: «No supondrás que tiene algo que ver con todos esos otros asuntos.» Por «otros asuntos» se refería a lo que ha estado ocurriendo aquí los últimos cinco años; asesinatos, accidentes, suicidios, lo que sea; depende de cómo se los mire uno.

Me encogí de hombros y puse el ataúd en la misma categoría que la carta anónima; pero cuanto más pensaba en ello..., quizá mi hermana tuviera razón en algo. Ese paquete no me había sido enviado por alguna mujer celosa o alguien que me quisiera mal. Aquello era obra de un hombre. Un hombre había tallado aquel ataúd. Y todo en su conjunto pretendía ser una amenaza. Pero, ¿por qué? Pensé: Quizás el señor Pepper lo sepa.

Fui al encuentro del señor Pepper. De Jake. En realidad, tuve que forzarle un poco.

JAKE: Limítese a la historia.

ADDIE: Lo estoy haciendo. Sólo usé la historia para atraerlo a mi cubil.

JAKE: Eso no es cierto.

ADDIE (tristemente, su voz un apagado contrapunto a la pipiante serenata de los canarios): No, no es cierto. Porque, cuando decidí hablar con Jake, había llegado a la conclusión de que alguien tenía realmente intención de matarme; y tenía una noción bastante exacta de quién era, aunque el motivo fuera muy improbable. Trivial.

JAKE: No es ni improbable ni trivial. No una vez has estudiado el estilo de la bestia.

ADDIE (ignorándole; e impersonalmente, como si estuviera recitando la tabla de multiplicar a sus estudiantes): Todo el mundo conoce a todo el mundo. Eso es lo que se dice de la gente de las ciudades pequeñas. Pero no es cierto. Nunca he llegado a conocer a los padres de algunos de mis alumnos. Cada día me cruzo con personas que son virtuales desconocidos para mí. Soy baptista, nuestra congregación no es muy grande; pero tenemos algunos miembros..., bueno, sería incapaz de decirle sus nombres ni aunque usted me apuntara a la cabeza con un revólver.

Lo que quiero decir es: cuando empecé a pensar en la gente que había muerto, me di cuenta de que los conocía a todos. Excepto la pareja de Tulsa que estaban con Ed Baxter y su esposa cuando...

JAKE: Los Hogan.

ADDIE: Sí. Bueno, de todos modos no forman parte de esto. Eran unos transeúntes..., que se vieron atrapados en un infierno. Literalmente.

No es que ninguna de las víctimas fueran amigos íntimos míos..., excepto, quizá, Clem y Amy Anderson. Enseñé a todos sus hijos en la escuela.

Pero conocía a los otros: George y Amelia Roberts, los Baxter, el doctor Parsons. Los conocía bastante bien. Y por una sola razón. (Contempló su vino, observó sus destellos rubí, como una gitana consultando una bola de cristal.) El río. (Alzó la copa de vino hasta sus labios y la vació de nuevo sin ningún esfuerzo en un largo trago.) ¿Ha visto usted el río? ¿Todavía no? Bueno, ahora no es la mejor época del año. Pero en verano es muy hermoso. Con mucho lo más hermoso de los alrededores. Lo llamamos el río Azul; es azul…, no azul caribeño, pero muy transparente de todos modos, y con un suelo arenoso y profundos y tranquilos remansos para nadar. Se origina en esas montañas al norte y fluye por llanuras y ranchos; es nuestra principal fuente de irrigación, y tiene dos tributarios, unos ríos mucho más pequeños, uno llamado Gran Hermano y el otro Pequeño Hermano.

El problema empezó a causa de esos tributarios. Muchos rancheros, que dependían de ellos, creían que había que crear una desviación en el río Azul para ampliar el Gran Hermano y el Pequeño Hermano. Naturalmente, los rancheros cuya prosperidad era alimentada por el río principal se mostraron en contra de esta propuesta. Y nadie más que Bob Quinn, el propietario del rancho B.Q., por donde cruzan los tramos más anchos y profundos del río Azul.

JAKE (escupiendo al fuego): El caballero Robert Hawley Quinn.

ADDIE: Fue una pelea que se había estado gestando durante décadas. Todo el mundo sabía que fortalecer los dos tributarios, aun a expensas del río Azul (en términos de poder y pura belleza), era lo más justo y lógico. Pero la familia Quinn, y otras entre los ricos rancheros del río Azul, siempre habían impedido, mediante diversos trucos, que se emprendiera ninguna acción.

Entonces se produjeron dos años de sequía, y eso llevó la situación hasta su límite. Los rancheros cuya supervivencia dependía del Gran Hermano y del Pequeño Hermano desataron un auténtico infierno. La sequía les había golpeado duro; perdieron mucho ganado, y ahora exigían con todas sus fuerzas su parte del río Azul.

Finalmente el concejo de la ciudad votó nombrar un comité especial que resolviera el asunto. No tengo la menor idea de cómo fueron elegidos los miembros del comité. Ciertamente, yo no tenía ninguna cualificación especial; recuerdo que el viejo juez Hatfield –ahora está retirado y vive en Arizona– me telefoneó y me preguntó si querría formar parte; eso fue todo. Tuvimos nuestra primera reunión en la Sala de Concejales del palacio de justicia en enero de 1970. Los otros miembros del comité eran Clem Anderson, George y Amelia Roberts, el doctor Parsons, los Baxter, Tom Henry y Oliver Jaeger...

JAKE (a mí): Jaeger. Es el jefe de correos. Un loco hijoputa.

ADDIE: En realidad no está loco. Dice esto sólo porque...

JAKE: Sólo porque está realmente loco.

(Addie estaba como desconcertada. Contempló su copa de vino, fue a llenarla de nuevo, halló la botella vacía, y entonces sacó de un pequeño bolso, convenientemente alojado en su regazo, una pequeña y preciosa cajita de plata llena de pastillas azules: Valiums; tragó una con un sorbo de agua. ¿Y Jake había dicho que Addie no era una mujer nerviosa?)

TC: ¿Quién es Tom Henry?

JAKE: Otro chiflado. Más aún que Oliver Jaeger. Es el propietario de una estación de servicio.

ADDIE: Sí, éramos nueve. Nos reunimos una vez por semana durante unos dos meses. Ambos bandos, aquellos que estaban a favor y aquellos que estaban en contra, enviaron expertos para testificar. Muchos de los rancheros se presentaron en persona..., para hablar con nosotros, para presentar su propio caso.

Pero no el señor Quinn. No Bob Quinn..., nunca supimos ni una sola palabra de él, pese a que, como propietario del rancho B.Q., era quien más iba a perder si votábamos desviar «su» río. Pensé: Es demasiado altivo y poderoso para molestarse con nosotros y con nuestro pequeño y estúpido comité; debe estar atareado hablando con el gobernador, con los congresis-

27

tas, con los senadores; cree tenerlos a todos en el bolsillo. Así que, sea lo que sea lo que decidamos, no tendrá ninguna importancia. Sus personajes importantes vetarán todo lo que sea necesario.

Pero no fue así como salieron las cosas. Votamos desviar el río Azul exactamente en el punto en el que entraba en la propiedad de Quinn; por supuesto, esto no le dejaba sin ningún río..., pero tendría que compartir lo que hasta entonces había tenido para él solo.

La decisión hubiera sido unánime si Tom Henry no se hubiera puesto contra nosotros. Tiene razón, Jake. Tom Henry *está* loco. Así que la votación fue ocho contra uno. Y demostró ser una decisión tan popular, un veredicto que en realidad no dañó a nadie y benefició a muchos, que no hubo nada que los amigos políticos de Quinn pudieran hacer al respecto, no si querían mantenerse en sus puestos.

Unos pocos días más tarde de la votación me topé con Bob Quinn en la oficina de correos. Convirtió en un tremendo espectáculo el tocarse el ala del sombrero, sonreír, preguntar cómo me encontraba. No era que esperara que me escupiese; pero nunca antes me había hallado ante tanta cortesía por su parte. Quien lo viera jamás hubiera supuesto que estaba resentido. ¿Resentido? ¡Loco!

TC: ¿Qué aspecto tiene... el señor Quinn?

JAKE: ¡No se lo diga!

ADDIE: ¿Por qué no?

JAKE: Por si acaso.

(Se puso en pie, se dirigió a la chimenea y ofreció lo que quedaba de su cigarro a las llamas. Permaneció de pie de espaldas al fuego, las piernas ligeramente separadas, los brazos cruzados: nunca consideré a Jake una persona vana, pero evidentemente estaba posando..., intentando, con éxito, parecer atractivo. Me eché a reír.)

¿Eh?

TC: Ahora es una novela de Jane Austen. En sus novelas, los caballeros sexys siempre calientan sus posaderas en las chimeneas.

ADDIE (riendo): ¡Oh, Jake, es cierto! ¡Es cierto!

JAKE: Nunca he leído literatura femenina. Nunca lo he hecho. Y nunca lo haré.

ADDIE: Sólo por eso, voy a abrir otra botella de vino y beber a mi salud.

(Jake volvió a la mesa y se sentó al lado de Addie; tomó una de sus manos en una de las de él y entrelazaron los dedos. El efecto sobre ella fue embarazosamente visible: su rostro enrojeció, manchas rojas salpicaron su cuello. En cuanto a él, pareció no darse cuenta del enrojecimiento de ella, ni siquiera de lo que estaba haciendo él. Me miraba a mí; era como si estuviéramos él y yo solos.)

JAKE: Sí, lo sé. Tras oír lo que ha oído, está pensando: Bueno, ahora el caso ya está resuelto. El señor Quinn lo hizo.

Eso es lo que yo pensé también. El año pasado, después de que Addie me dijera lo que acaba de contarle, salí de aquí como un oso con un abejorro en el culo. Fui directamente a la ciudad. Día de Acción de Gracias o no Día de Acción de Gracias, aquella noche teníamos una reunión de toda la Oficina. Lo dejé caer en seguida: éste es el motivo, éste es el tipo. Nadie me abucheó, excepto el jefe, que dijo: «Tranquilo, Pepper. El hombre al que está acusando no es un peso mosca. ¿Y qué caso tiene usted? Todo esto es especulación. Suposiciones.» Todo el mundo estuvo de acuerdo con él. Dijeron: «¿Cuáles son las pruebas?»

Yo estaba tan excitado que me puse a gritar. Dije: «¿Para qué demonios piensan que estoy aquí? Lo que tenemos que hacer ahora es juntar todas las piezas y buscar las pruebas. Sé que Quinn lo hizo.» El jefe dijo: «Bueno, yo sería muy cuidadoso acerca de a quién le decía esto. Cristo, puede hacer que nos despidan a todos.»

ADDIE: Al día siguiente, cuando Jake volvió aquí, me hubiera gustado tomarle una foto. En mi trabajo he tenido que consolar a muchos chicos, pero ninguno de ellos tuvo nunca un aspecto tan triste como usted entonces, Jake.

JAKE: No me sentía muy feliz, ésa es la verdad.

La Oficina me respaldó; empezamos a comprobar la vida de Robert Hawley Quinn desde el primer año. Pero teníamos que movernos de puntillas..., el jefe estaba más nervioso que un asesino en el Corredor de la Muerte. Yo quería una orden para registrar el rancho B.Q., los edificios, toda la propiedad. Me fue negada. Ni siquiera me dejaron interrogar al hombre...

TC: ¿Sabía Quinn que usted sospechaba de él?

JAKE (con un bufido): Desde un principio. Alguien en la oficina del gobernador se lo sopló. Probablemente el propio gobernador. Y los tipos de nuestra propia Oficina..., es posible que se lo dijeran también. Yo no confiaba en nadie. En nadie conectado con el caso.

ADDIE: Toda la ciudad lo sabía antes de que él hubiera podido decir Rumpelstiltskin.

JAKE: Gracias a Oliver Jaeger. Y a Tom Henry. Eso fue culpa mía. Puesto que ambos habían estado en el Comité del Río, creí que debía decírselo, hablarles de Quinn, advertirles de lo de los ataúdes. Ambos me prometieron que lo mantendrían confidencial. Bueno, decírselo a ellos fue como convocar un mitin en el centro de la ciudad y hacer un discurso.

ADDIE: En la escuela, uno de mis niños alzó la mano y dijo: «Mi papá le contó a mi mamá que alguien le había enviado a usted un ataúd como los del cementerio. Dijo que lo había hecho el señor Quinn.» Y yo le dije: «Oh, Bobby, tu papá sólo estaba gastándole una broma a tu mamá, contándole cuentos de hadas.»

JAKE: ¡Uno de los cuentos de hadas de Oliver Jaeger! Ese bastardo llamó a todo cristiano para contárselo. ¿Y dice que no está loco?

ADDIE: Usted cree que él está loco porque él cree que *usted* está loco. Cree sinceramente que está equivocado. Que persigue a un hombre inocente. (Mirando aún a Jake, pero dirigiéndose a mí): Oliver nunca ganaría ningún concurso, ni de popularidad ni de inteligencia. Pero es un hombre racional; un chismoso, pero de buen corazón. Está emparentado con la familia Quinn; Bob Quinn es su primo segundo. Eso puede que explique un poco la violencia de sus opiniones. La opinión de Oliver, compartida por la mayoría, es que aunque exista alguna conexión entre la decisión del Comité del río Azul y las muertes que han ocurrido aquí, ¿por qué señalar con el dedo a Bob Quinn? Él no es el único ranchero del río Azul que podría mostrar inquina. ¿Qué hay de Walter Forbes? ¿Y de Jim Johanssen? La familia Throby. Los Miller. Los Riley. ¿Por qué escoger a Bob Quinn? ¿Cuáles son las circunstancias especiales que lo señalan?

JAKE: Él lo hizo.

ADDIE: Sí, lo hizo. Nosotros lo sabemos. Pero ni siquiera puede probar que compró las serpientes. Y, aunque pudiera...

JAKE: Me gustaría un poco de whisky.

ADDIE: Ahora mismo se lo traigo. ¿Alguna otra cosa?

JAKE (después de que Addie partiera a buscarlo): Ella tiene razón. No podemos probar que compró las serpientes, aunque sabemos que lo hizo. Mire, siempre pensé que esas serpientes procedían de alguna fuente profesional; hay criadores que las crían por el veneno..., lo venden a los laboratorios médicos. Los principales proveedores son Florida y Texas, pero hay granjas de serpientes por todo el país. En los últimos años hicimos indagaciones en la mayoría de ellas..., y nunca recibimos ni una sola respuesta.

Pero en el fondo de mi corazón sabía que estas serpientes procedían del estado de la Estrella Solitaria. Era lógico: ¿por qué debería un hombre recorrer todo el camino hasta Florida cuando podía encontrar lo que buscaba más o menos en la puerta de al lado? Bueno, tan pronto como Quinn entró en el cuadro, decidí empezar de cero en el enfoque de las serpientes, un enfoque en el que nunca nos habíamos concentrado como hubiéramos debido, sobre todo porque requería investigación personal y gastos de viaje. Cuando llega el momento de pedirle al jefe que gaste dinero..., demonios, es más fácil partir nueces con una dentadura comprada en un drugstore. Pero conozco a un tipo, un antiguo investigador de la Oficina de Texas; me debía un favor. Así que le envié algo de material: fotos de

31

Quinn que había conseguido recopilar, y fotografías de las serpientes de cascabel..., nueve de ellas colgadas de una cuerda de tender la ropa después de que las matáramos.

TC: ¿Cómo las mataron?

JAKE: Con una escopeta. Les volamos la cabeza.

TC: Yo maté una en una ocasión. Con una azada.

JAKE: No creo que hubiera podido matar a esas bastardas con una azada. Ni siquiera hacerles una melladura. La más pequeña tenía más de dos metros de largo.

TC: Había nueve serpientes. Y nueve miembros del Comité del río Azul. Una curiosa coincidencia.

JAKE: Bill, mi amigo de Texas, es un tipo concienzudo; cubrió Texas de frontera a frontera, pasó la mayor parte de sus vacaciones visitando granjas de serpientes, hablando con los criadores. Hará cosa de un mes me llamó y dijo que creía que había localizado a mi grupo: una tal señora García, una dama tex-mex propietaria de una granja de serpientes cerca de Nogales. Está a unas diez horas en coche de aquí. Si conduces un coche oficial y vas a ciento treinta todo el camino. Bill prometió reunirse allí conmigo.

Addie me acompañó. Condujimos toda la noche, y desayunamos con Bill en un Holiday Inn. Luego visitamos a la señora García. Algunas de esas granjas de serpientes son atracciones para turistas, pero su negocio no era nada de esto: estaba apartado de la autopista y era más bien pequeño. Pero tenía unos especímenes realmente impresionantes. Durante todo el tiempo que estuvimos allí no hizo más que acariciar a esas enormes serpientes de cascabel, rodeándose el cuello y los brazos con ellas, riendo todo el tiempo; tenía una dentadura de oro casi sólida. Al principio pensé que era un hombre; tenía la constitución de Pancho Villa, y llevaba pantalones de cowboy con cremallera.

Tenía una catarata en un ojo, y el otro no parecía demasiado agudo tampoco. Pero no dudó ni un momento a la hora de identificar la foto de Quinn. Dijo que había visitado su negocio en junio o julio de 1970 (los Roberts murieron el 5 de setiembre de 1970), y que iba acompañado por un joven mexicano; llegaron en una pequeña camioneta con matrícula mexicana. Dijo que ella nunca habló con Quinn; según su versión, él nunca dijo ni una palabra: simplemente escuchó mientras ella trataba con el mexicano. Dijo que no era su política interrogar a los clientes sobre sus razones para comprar su mercancía; pero, nos indicó, el mexicano ofreció voluntariamente la información: deseaba una docena de serpientes de cascabel adultas para utilizarlas en una ceremonia religiosa. Eso no la sorprendió; dijo que la gente le compraba a menudo serpientes para usos rituales. Pero el mexicano deseaba que ella le garantizaba que las serpientes que compraba podían atacar y matar a un toro que pesara quinientos kilos. Ella dijo que sí, que era posible..., siempre que las serpientes fueran inyectadas con una droga, un estimulante anfetamínico, antes de ser puestas en contacto con el toro.

Le mostró cómo hacerlo, mientras Quinn observaba. Nos lo mostró a nosotros también. Usó una pértiga, de unas dos veces la longitud de una fusta de jinete y tan flexible como una rama de sauce; tenía un lazo de cuero unido a su extremo. Agarró la cabeza de la serpiente con el lazo, la mantuvo colgada del aire, y le clavó la jeringuilla en el vientre. Dejó que el mexicano efectuara algunas sesiones de práctica; lo hizo perfectamente.

TC: ¿Había visto alguna vez antes al mexicano?

JAKE: No. Le pedí que me lo describiera, y describió a cualquier mexicano de entre veinte y treinta años. Le pagó; ella metió las serpientes en contenedores individuales, y se marcharon.

La señora García fue una dama muy amable. Muy cooperativa. Hasta que le hicimos la pregunta importante: ¿nos firmaría una declaración jurada de que Robert Hawley Quinn era uno de los dos hombres que le compraron una docena de serpientes de cascabel un cierto día de verano de 1970? Entonces todo cambió. Dijo que no pensaba firmar nada.

Le indiqué que aquellas serpientes habían sido utilizadas

para asesinar a dos personas. Entonces tendría que haber visto usted su rostro. Se dirigió a la casa y cerró la puerta de golpe y bajó todas las persianas.

TC: Una declaración jurada de ella. Eso hubiera tenido mucho peso legal.

JAKE: Hubiera sido algo con lo que hubiéramos podido enfrentarnos a él: un buen gambito de apertura. Lo más probable es que fuera el mexicano quien puso las serpientes en el coche de los Roberts; por supuesto, Quinn lo contrató para hacerlo. ¿Sabe una cosa? Apuesto a que el mexicano está muerto, enterrado en algún lugar de la solitaria pradera. Cortesía del señor Quinn.

TC: Pero seguro que en alguna parte de la historia de Quinn tiene que haber algo que lo señale como capaz de violencia psicópata.

   (Jake asintió, asintió, asintió.)

JAKE: El caballero estaba bien relacionado con el homicidio.
   (Addie regresó con el whisky. Jake le dio las gracias y la besó en la mejilla. Ella se sentó a su lado y de nuevo se encontraron sus manos, sus dedos se entrelazaron.)

Los Quinn son una de las familias más antiguas de aquí. Bob Quinn es el mayor de tres hermanos. Todos tienen una parte del rancho B.Q., pero él es el jefe.

ADDIE: No, su esposa es el jefe. Se casó con su prima en primer grado, Juanita Quinn. Su madre era española, y ella tiene el temperamento de un tamal caliente. Su primer hijo murió en el parto, y ella se negó a tener nunca más otro. Es del conocimiento general, sin embargo, que Bob Quinn tiene hijos. De otra mujer en otra ciudad.

JAKE: Fue un héroe de guerra. Coronel de los marines durante la Segunda Guerra Mundial. Él nunca habla de ello, pero he oído contarlo a otras personas: Bob Quinn mató él solo más japoneses que la bomba de Hiroshima.

   Pero inmediatamente después de la guerra cometió una pequeña matanza particular que no tenía nada de patriótico. Una noche a última hora llamó al sheriff para que acudiera al rancho B.Q. y recogiera un par de cadáveres. Afirmó haber descubierto a dos hombres robando ganado y haberlos matado a tiros. Esa fue su versión, y nadie la contradijo, al menos no públicamente. Pero la verdad es que esos dos tipos no eran ladrones de ganado; eran jugadores de Denver y Quinn les debía un buen puñado de dinero. Habían acudido al rancho B.Q. con la promesa de cobrar lo que se les debía. Lo que recibieron fue una andanada de plomo.

TC: ¿Le ha interrogado usted alguna vez acerca de eso?

JAKE: ¿Interrogado a quién?

TC: A Quinn.

JAKE: Estrictamente hablando, nunca le he *interrogado* sobre nada.

> (Su sutil e irónica sonrisa frunció sus labios; hizo tintinear el hielo de su whisky, bebió un sorbo y dejó escapar una pequeña risita..., muy en lo profundo en su garganta, como un hombre intentando librarse de una flema.)

Últimamente he hablado mucho con él. Pero durante los cinco años que he estado en este caso nunca llegué a conocerle. Sólo lo había visto de pasada. Sabía quién era.

ADDIE: Pero ahora son como dos guisantes en una misma vaina. Auténticos camaradas.

JAKE: ¡Addie!

ADDIE: Oh, Jake. Sólo estoy bromeando.

JAKE: Eso no es algo que pueda tomarse a broma. Ha sido una pura tortura para mí.

ADDIE (apretando su mano): Lo sé. Lo siento.

> (Jake apuró su vaso, lo dejó sobre la mesa con un golpe un poco demasiado fuerte.)

JAKE: Mirarle. Escucharle. Reírle sus chistes sucios. Le odio. Él me odia. Ambos lo sabemos.

ADDIE: Déjeme endulzarle un poco con otro whisky.

JAKE: No, siéntese.

ADDIE: Quizá debiera ir a echarle una mirada a Marylee. Ver si está bien.

JAKE: Siéntese.

(Pero Addie deseaba escapar de la habitación, porque se sentía incómoda con la repentina furia de Jake, la sorda furia que ocupaba su rostro.)

ADDIE (mirando por la ventana): Ha parado de nevar.

JAKE: El café Okay está siempre lleno los lunes por la mañana. Después del fin de semana todo el mundo se para allí para saber las últimas noticias. Rancheros, hombres de negocios, el sheriff y sus hombres, gente de los tribunales. Pero aquel lunes en particular –el lunes después del Día de Acción de Gracias– el lugar estaba atestado; la gente se sentaba donde podía, y todos chismorreaban como un puñado de viejas cotorras.

Ya puede suponer de qué estaban chismorreando. Gracias a Tom Henry y Oliver Jaeger, que se pasaron el fin de semana difundiendo la noticia, diciendo que ese tipo de la Oficina, ese Jake Pepper, estaba acusando a Bob Quinn de asesinato. Yo me senté en mi rincón, fingiendo no darme cuenta de nada. Pero no pude evitar verlo cuando el propio Bob Quinn entró; se pudo oír a todo el café contener la respiración.

Se sentó en una mesa al lado del sheriff; el sheriff lo abrazó y rió y dejó escapar un aullido de cowboy. La mayoría de los presentes lo imitaron, aullando ¡hey, Bob, huau, Bob! Sí señor, todo el café Okay estaba en un cien por cien detrás de Bob Quinn. Tuve la sensación de que, aunque pudiera demostrar con toda certeza que este hombre era un asesino con varios crímenes sobre sus espaldas, me lincharían a mí antes que permitir que lo arrestara.

ADDIE (llevándose una mano a la frente, como si tuviera dolor de cabeza): Tiene razón. Bob Quinn tiene toda la ciudad a su lado. Ésa es una de las razones por las que a mi hermana no le gusta oírnos hablar de ello. Dice que Jake está equivocado, que el señor Quinn es un hombre excelente. Su teoría es que el doctor Parsons fue el responsable de esos crímenes, y que por eso se suicidó.

TC: Pero el doctor Parsons murió mucho antes de que usted recibiera ese ataúd.

JAKE: Marylee es un encanto pero no es demasiado lista. Lo siento, Addie, pero es así.

(Addie retiró su mano de la de Jake: un gesto de advertencia, aunque no severo. De todos modos, dejó a Jake libre para levantarse y pasear arriba y abajo, cosa que éste hizo. Sus pisadas resonaron en las pulidas planchas de pino.)

Así que volvamos al café Okay. Cuando me marchaba, el sheriff adelantó una mano y me agarró por el brazo. Es un maldito hijoputa irlandés. Y retorcido como los dedos de los pies del diablo. Dijo: «Hey, Jake. Quiero que conozca a Bob Quinn. Bob, éste es Jake Pepper. De la Oficina.» Estreché la mano de Quinn. Quinn dijo: «He oído hablar mucho de usted. Tengo entendido que juega al ajedrez. No encuentro muchos adversarios. ¿Qué tal si jugamos alguna partida?» Yo dije que estupendo, y él añadió: «¿Le parece bien mañana? Venga a las cinco. Tomaremos unas copas y jugaremos un par de partidas.»

Así es como empezó. Fui al rancho B.Q. la tarde siguiente. Jugamos dos horas. Es mejor jugador que yo, pero yo gané las veces suficientes para que el juego fuera interesante. Es charlatán, habla de todo: política, mujeres, sexo, pesca de la trucha, movimientos intestinales, su viaje a Rusia, ganado contra trigo, ginebra contra vodka, Johnny Carson, su safari a África, religión, la Biblia, Shakespeare, el genio del general MacArthur, la caza del jabalí, las putas de Reno contra las putas de Las Vegas, el mercado de valores, las enfermedades venéreas, palomitas de maíz contra trigo inflado, oro contra diamantes, la pena capital (él está a favor), fútbol, béisbol, baloncesto..., *todo*. Todo excepto por qué estoy varado en esta ciudad.

TC: ¿Quiere decir que no hablaron del caso?

JAKE (deteniéndose en su pasear): No es que no habláramos del caso. Simplemente se comporta como si no existiera. Habla de él, pero nunca reacciona. Le mostré las fotografías de Clem Anderson; esperaba que le impresionaran y provocaran alguna respuesta. *Algún* comentario. Pero se limitó a volver a mirar al tablero, hacer un movimiento, y contarme un chiste verde.

Así que el señor Quinn y yo hemos estado jugando nuestras partidas de ajedrez varias tardes a la semana durante los últimos meses. De hecho, hoy voy a ir allí más tarde. Y usted (apuntando un dedo en mi dirección) va a venir conmigo.

TC: ¿Seré bien recibido?

JAKE: Le llamé esta mañana. Todo lo que preguntó fue: ¿Juega al ajedrez?

TC: Lo hago. Pero prefiero mirar.

(Un tronco se hundió en la chimenea, y su chisporrotear atrajo momentáneamente mi atención hacia allá. Contemplé las agitadas llamas, y me pregunté por qué Jake había impedido a Addie describir a Quinn, decirme cuál era su aspecto. Intenté imaginarlo; no pude. En vez de ello recordé el párrafo de Mark Twain que Jake me había leído en voz alta: «De todas las criaturas creadas, el hombre es la más detestable..., el único, el solitario, que posee malicia..., es la única criatura que posee una mente perversa.» La voz de Addie me rescató de mi incómoda ensoñación.)

ADDIE: Oh, Dios mío. Está nevando de nuevo. Aunque ligeramente. Los copos flotan. (Luego, como si la reanudación de la nevada promoviera pensamientos de moralidad, la evaporación del tiempo): ¿Sabe?, han sido cinco meses. Eso es muy largo para él. Normalmente no espera tanto.

JAKE (vejado): Addie, ¿a qué viene eso ahora?

ADDIE: Mi ataúd. Han sido casi cinco meses. Y como digo, normalmente no espera tanto tiempo.

JAKE: ¡Addie! Estoy yo aquí. No va a ocurrirte nada.

ADDIE: Por supuesto, Jake. Me pregunto acerca de Oliver Jaeger. Me pregunto cuándo recibirá su ataúd. Sólo piensa: Oliver es el jefe de correos. Estará distribuyendo el correo y... (Su voz se volvió de pronto, sorprendentemente, temblorosamente, vulnerable..., pensativa de una forma que acentuó el despreocupado canto de los canarios.) Bueno, de todos modos no será demasiado pronto.

TC: ¿Por qué no?

ADDIE: Porque Quinn tiene que llenar primero mi ataúd.

Eran después de las cinco cuando nos fuimos; el aire estaba inmóvil, libre de nieve, y brillaba con las ascuas del anochecer y la primera radiación pálida de la salida de la luna; una luna llena que rodaba en el horizonte como una redonda rueda blanca, o una máscara, una amenazadora máscara blanca y sin rasgos que nos miraba a través de las ventanillas de nuestro coche. Al final de la Calle Mayor, justo antes de que la ciudad se convierta en una pradera, Jake señaló una estación de servicio: «Ése es el negocio de Tom Henry. Tom Henry, Addie, Oliver Jaeger; del Comité del Río original, son los únicos tres que quedan. Dije que Tom Henry era un loco. Y lo es. Pero es un loco afortunado. Votó contra los demás. Eso lo deja limpio. No habrá ningún ataúd para él.»

TC: *Un ataúd para Dimitrios.*

JAKE: ¿Qué?

TC: Un libro de Eric Ambler. Un *thriller*.

JAKE: ¿Ficción? (Asentí; sonrió.) ¿Lee usted realmente esa basura?

TC: Graham Greene era un escritor de primera clase. Hasta que lo agarró el Vaticano. Después de eso, nunca escribió nada tan bueno como *Brighton, parque de atracciones*. Me gusta Agatha Christie, la adoro. Y Raymond Chandler es un gran estilista, un poeta. Aunque sus argumentos sean un lío.

JAKE: Basura. Estos tipos no son más que soñadores: se sientan ante la máquina de escribir y se vuelven del revés, eso es todo lo que hacen.

TC: Así que ningún ataúd para Tom Henry. ¿Qué hay de Oliver Jaeger?

JAKE: Él recibirá el suyo. Una mañana estará trasteando en la oficina de correos, vaciando las sacas, y allí estará, una caja envuelta en papel marrón con su nombre impreso en ella. Olvide el hecho de que son primos; olvide que ha estando colgando halos de la cabeza de Bob Quinn. San Bob no va a dejar que se salga con unas cuantas Ave Marías. No si conozco a San Bob. Las probabilidades son que ya haya usado su cuchillo de tallar, haya hecho una pequeña cajita y haya metido una foto de Oliver Jaeger en ella...

(La voz de Jake se detuvo bruscamente y, como si fuera una acción correlacionada, su pie pisó el pedal del freno; el coche derrapó, culeó, se enderezó; seguimos adelante. Supe lo que había ocurrido. Había recordado, como yo recordaba, la patética queja de ADDIE: «Quinn tiene que llenar primero mi ataúd.» Intenté contener la lengua; se rebeló.)

TC: Pero eso significa...

JAKE: Será mejor que encienda los faros.

TC: Eso significa que Addie va a morir.

JAKE: ¡Infiernos, no! ¡Sabía que iba a decir usted eso! (Dio una palmada contra el volante.) He construido un muro alrededor de ella. Le he dado una Detective Especial calibre 38 y le he enseñado cómo usarla. Puede clavar una bala entre las cejas de un hombre a cien metros. Ha aprendido suficiente karate para partir una tabla con un golpe del canto de la mano. Addie es lista; no se dejará engañar. Y estoy yo aquí. La vigilo. Vigilo a Quinn. Y otra gente también.

(Una fuerte emoción, el miedo que se decanta hacia el terror, pueden hacer pedazos incluso la lógica de un hombre tan lógico como Jake Pepper, cuyas precauciones no habían salvado a Clem Anderson. Yo no estaba preparado para discutir aquello con él, no en su actual estado de ánimo irracional; ¿pero por qué, puesto que suponía que Oliver Jaeger estaba condenado, estaba tan seguro de que Addie no? ¿Que ella iba a ser la excepción? Porque si Quinn se atenía a sus designios, entonces tendría que eliminar absolutamente a Addie, retirarla de la escena antes de poder empezar con el último paso de su tarea dirigiendo un paquete a su primo en segundo grado y firme defensor, el jefe de correos local.)

TC: Sé que Addie ya ha viajado por todo el mundo. Pero creo que es el momento de que emprenda un nuevo viaje.

JAKE (truculento): No puede marcharse. No ahora.

TC: ¿Oh? No me parece del tipo suicida.

JAKE: Bueno, por un lado tiene la escuela. La escuela no termina hasta junio.

TC: ¡Jake! ¡Por al amor de Dios! ¿Cómo puede hablar usted de la *escuela*?

(Pese a la ya escasa luz, pude distinguir su expresión avergonzada; al mismo tiempo, sin embargo, adelantó su mandíbula.)

JAKE: Hemos hablado de eso. Hablamos acerca de que ella y Marylee se embarcaran en un largo crucero. Pero ella no quiere ir a ninguna parte. Dijo: «El tiburón necesita un cebo. Si queremos apresar al tiburón, entonces el cebo ha de estar disponible.»

TC: ¿Así que Addie es la carnaza? ¿La cabra aguardando a que el tigre salte?

JAKE: Cuidado. No me gusta la forma en que lo plantea.

TC: Entonces, ¿cómo lo plantearía usted?

JAKE: (Silencio.)

TC: (Silencio.)

JAKE: Quinn tiene a Addie en sus pensamientos, la tiene realmente. Piensa mantener su promesa. Y entonces es cuando lo atraparemos: en el intento. Lo atraparemos cuando el telón esté alzado y todos los focos apunten sobre él. Es un poco arriesgado, de acuerdo; pero tenemos que correr el riesgo. Porque..., bueno, para ser malditamente honesto, es probablemente la única maldita posibilidad que nos queda.

(Recliné la cabeza contra la ventanilla: vi la hermosa garganta de Addie mientras echaba la cabeza atrás y bebía el destellante vino tinto en un delicioso sorbo. Me sentí débil; y disgustado con Jake.)

TC: Me gusta Addie. Es real; y sin embargo es un misterio. Me pregunto por qué no se casó nunca.

JAKE: Guárdese esto para usted. Addie va a casarse conmigo.
TC (mi ojo mental estaba todavía en otra parte; de hecho, aún seguía observando a Addie beber su vino): ¿Cuándo?
JAKE: El verano próximo. Cuando coja mis vacaciones. No se lo hemos dicho a nadie. Excepto a Marylee. Así que, ¿comprende ahora? Addie está *segura*; no permitiré que le ocurra nada; la quiero; voy a casarme con ella.

(El próximo verano: toda una vida de distancia. La luna llena, más alta, más blanca ahora, y saludada por los coyotes, rodaba por encima de la pradera resplandeciente de nieve. El ganado se arracimaba en grupos en los fríos campos nevados, apretados unos contra otros en busca de calor. Algunos permanecían en parejas. Observé a dos becerros manchados acurrucados lado a lado, proporcionándose mutuo confort y protección: como Jake, como Addie.)
TC: Bueno, felicidades. Esto es maravilloso. Sé que van a ser muy felices.

De pronto una impresionante verja de alambre espinoso, como las altas verjas de un campo de concentración, bordeó los dos lados de la carretera; señalaba el inicio del rancho B.Q.: cuarenta mil hectáreas aproximadamente. Bajé la ventanilla y dejé entrar un chorro de helado aire, lleno del aroma de la nieve nueva y del dulce y viejo heno. «Ahí vamos», dijo Jake cuando abandonamos la carretera y cruzamos unas puertas de madera abiertas de par en par. En la entrada, nuestros faros iluminaron un cartel rotulado con hermosas letras: *B.Q./Rancho R. H. Quinn/Propietario*. Debajo del nombre del propietario había pintados un par de tomahawks cruzados; uno se preguntaba si era el logotipo del rancho o el emblema de la familia. En cualquier caso, un ominoso juego de tomahawks parecía algo de lo más apropiado.

El camino era estrecho y flanqueado con árboles desprovistos de hojas, oscuros excepto el eventual destello de unos ojos animales entre las siluetas de las ramas. Cruzamos un puente de madera que retumbó bajo nuestro peso, y oí el sonido del agua, un gorgotear en líquidos tonos profundos, que supe que tenía que ser el río Azul, aunque no pude verlo, porque estaba oculto por los árboles y los ventisqueros; el sonido nos siguió todo el camino, porque el río discurría a nuestro lado, ocasionalmente muy silencioso, luego burbujeando de pronto con la rota música de pequeños saltos y cascadas.

El camino se ensanchó. Destellos de luz eléctrica atravesaron los árboles. Un hermoso muchacho, un chiquillo de ondulante pelo rubio que cabalgaba a pelo un caballo, nos saludó con la mano. Pasamos una hilera de bungalós, iluminados por farolas y vibrando con el estrépito de las voces de la televisión: los hogares de los peones del rancho. Allá delante, erguida en distinguido aislamiento, se alzaba la casa principal, el hogar del señor Quinn. Era una gran estructura blanca de dos pisos de tablas con un porche cubierto que recorría toda su longitud; parecía abandonada, porque todas las ventanas estaban a oscuras.

Jake hizo sonar la bocina una vez. De inmediato, como una fanfarria de trompetas de bienvenida, un destello de focos barrió el porche; las lámparas en las ventanas de la planta baja se encendieron. La puerta delantera se abrió; un hombre salió y aguardó para saludarnos.

Mi primera introducción al propietario del rancho B.Q. no consiguió responder la pregunta de por qué Jake no había querido que Addie me lo describiera. Aunque no era un hombre que pasara desapercibido, su apariencia no era excesivamente fuera de lo normal; y, sin embargo, verle me sobresaltó: *yo conocía al señor Quinn*. Estaba seguro de ello, hubiera podido jurar con la mano sobre el corazón que de alguna forma, e indudablemente hacía mucho tiempo, había conocido a Robert Hawley Quinn, y que juntos habíamos compartido de hecho una alarmante experiencia, una aventura tan inquietante que mi memoria, piadosa, la había enterrado.

Llevaba unas botas de tacón alto muy caras, pero incluso sin ellas el hombre medía más de metro ochenta, y si se hubiera mantenido erguido en vez de adoptar una postura encorvada y con los hombros hundidos hubiera ofrecido una figura espléndidamente alta. Tenía unos largos brazos simiescos; las manos colgaban a la altura de sus rodillas y los dedos eran largos, capaces, extrañamente aristocráticos. Recordé un concierto de Rachmaninoff; las manos de Rachmaninoff eran como las de Quinn. El rostro de Quinn era ancho pero flaco, con las mejillas hundidas y la piel curtida por la intemperie: el rostro de un campesino medieval, el hombre detrás del arado, con todas las miserias del mundo atadas a su espalda. Pero Quinn no era un torpe y tristemente abrumado campesino. Llevaba gafas de delgada montura de alambre, y estas gafas profesionales y los grises ojos que miraban desde detrás de sus gruesos cristales lo traicionaban: sus ojos eran alertas, suspicaces, inteligentes, llenos de alegre malicia, complacientemente superiores. Tenía una voz y una risa hospitalarias, fraudulentamente afables. Pero él no era un fraude. Era un idealista, un conseguidor; se fijaba tareas, y estas tareas eran su cruz, su religión, su identidad; no, no era un fraude: era un fanático; y en el momento mismo de reunirnos allí en el porche mi memoria sumergida brotó a la superficie: recordé dónde y en qué forma había conocido al señor Quinn antes.

Extendió una de sus largas manos hacia Jake; su otra mano aró la áspera melena blanca y gris que llevaba al estilo pionero, una longitud de pelo no muy popular entre sus amigos rancheros, hombres que parecía como si visitaran al barbero cada sábado para lavarse el pelo y recortar las puntas. Mechones de pelo gris brotaban de sus fosas nasales y sus orejas. Observé la hebilla de su cinturón; estaba decorada con dos tomahawks cruzados hechos con oro y esmalte rojo.

QUINN: Hey, Jake. Le dije a Juanita, le dije cariño, ese bribón va a cagarse. Por la nieve.
JAKE: ¿Le llama usted a esto *nieve*?
QUINN: Sólo estaba bromeando, Jake. (A mí.) ¡Debería ver us-

44

ted la nieve que ha caído aquí a veces! En 1952 tuvimos toda una semana en la que la única forma en que podías salir de la casa era a través de la ventana del ático. Perdimos setecientas cabezas de ganado, todas mis Santa Gertrudis. ¡Ja, ja! Aquello sí fue grande. Bien, señor, ¿juega usted al ajedrez?

TC: Más o menos de la misma forma que hablo francés. *Un peu*.

QUINN (cloqueando, dándose una palmada en la cadera con falsa alegría): Sí, entiendo. Es usted un tahúr de la ciudad venido a desplumar a esos pobres chicos del campo. Apuesto a que es capaz de jugar contra mí y contra Jake al mismo tiempo y ganarnos con los ojos cerrados.

(Le seguimos por un amplio vestíbulo de techo alto hasta una inmensa habitación, una catedral llena de enormes muebles españoles, armarios y sillas y mesas y barrocos espejos adecuados a sus espaciosos alrededores. El suelo estaba cubierto con baldosas mexicanas de ladrillo rojo y salpicado con alfombras navajos. Toda una pared estaba formada por bloques de granito cortados irregularmente, y esta pared de granito parecida a la de una cueva albergaba una chimenea lo bastante grande como para asar en ella un par de bueyes; en consecuencia, el pequeño fuego que alojaba parecía tan insignificante como una ramita en medio de un bosque.

Pero la persona sentada cerca del fuego no era insignificante. Quinn nos presentó: «Mi esposa, Juanita.» Ella asintió con la cabeza pero no distrajo los ojos de la pantalla del televisor que tenía delante: el aparato tenía el sonido cortado, y la mujer contemplaba fijamente las estúpidas y bulliciosas imágenes mudas, algún concurso visualmente frenético. La silla en la que estaba sentada pudo muy bien decorar en sus tiempos la sala del trono de algún castillo ibérico; la compartía con un pequeño y tembloroso chihuahua y una guitarra amarilla cruzada sobre su regazo.

Jake y nuestro anfitrión se sentaron a una mesa amueblada con un espléndido tablero de ajedrez de ébano y marfil. Observé el inicio de la partida, escuché sus relajadas bromas, y todo aquello parecía extraño: Addie tenía razón, parecían auténticos camaradas, dos guisantes en una misma vaina. Pero finalmente me dirigí a la chimenea, decidido a explorar un poco más a la tranquila Juanita. Me senté cerca de ella junto a la chimenea y busqué algún tema para iniciar una conversación. ¿La guitarra? ¿El tembloroso chihuahua, que ahora me ladraba celoso?)

JUANITA QUINN: ¡Pepe! ¡Estúpido mosquito!

TC: No se preocupe. Me encantan los perros.

(Me miró. Su pelo, peinado con raya en medio y demasiado negro para que el color fuera auténtico, estaba pegado tenso a su estrecho cráneo. Su rostro era como un puño: pequeños rasgos muy apretados unos contra otros. Su cabeza era demasiado grande para su cuerpo; no era gorda, pero pesaba más de lo que debiera, y la mayor parte del exceso de peso estaba distribuido por debajo de su cintura. Pero tenía unas piernas esbeltas y bien formadas, y llevaba un par de hermosos mocasines indios adornados con cuentas. El mosquito seguía ladrando, pero ahora ella lo ignoraba. El televisor había vuelto a capturar su atención.)

Me preguntaba: ¿por qué ve usted la televisión sin el sonido?

(Sus aburridos ojos de ónice se volvieron hacia mí. Repetí la pregunta.)

JUANITA QUINN: ¿Bebe usted tequila?

TC: Bueno, hay un pequeño local en Palm Springs donde hacen unos margaritas fantásticos.

JUANITA QUINN: Un hombre debe beber el tequila a palo seco. Sin lima. Sin sal. A palo seco. ¿Quiere usted un poco?

TC: Por supuesto.

JUANITA QUINN: Yo también tomaré un poco. Vaya, no tenemos. No podemos tenerlo aquí en la casa. Si lo tuviéramos me lo acabaría; mi hígado se secaría...

(Hizo restallar los dedos, dando a entender desastre. Luego acarició la guitarra amarilla, rasgueó las cuerdas, desarrolló una pequeña melodía, una curiosa melodía no familiar que por un momento canturreó y tocó alegremente. Cuando la interrumpió, su rostro volvió a anudarse de inmediato.) Solía beber todas las noches. Cada noche me bebía una botella de tequila y me iba a la cama y dormía como un bebé. No estuve enferma ni un solo día; tenía un aspecto magnífico, me sentía bien, dormía estupendamente. Ahora ya no. Ahora sufro un resfriado después de otro, dolores de cabeza, artritis; y no puedo dormir dos segundos seguidos. Todo porque el médico dijo que tenía que dejar de beber tequila. Pero no saque conclusiones precipitadas. No soy una borracha. Por mí puede tomar usted todo el vino y el whisky de todo el mundo y arrojarlo al Gran Cañón. Sólo ocurre que me gusta el tequila. La variedad amarilla oscura. Ése es el que más me gusta. (Señaló el televisor.) Me ha preguntado usted por qué tengo el sonido quitado. El único momento en que pongo el sonido es cuando dan el informe del tiempo. De otro modo, me limito a mirar y a imaginar lo que dicen. Si escucho, me quedo dormida en seguida. Pero imaginar lo que hablan me mantiene despierta. Y tengo que mantenerme despierta..., al menos hasta medianoche. De otro modo luego no hay forma de dormirme. ¿Dónde vive usted?

TC: Principalmente en Nueva York.

JUANITA QUINN: Solíamos ir a Nueva York cada uno o dos años. La Ciudad Arco Iris: es todo un espectáculo. Pero ahora ya no sería divertido. Nada lo es. Mi esposo dice que es usted un viejo amigo de Jake Pepper.

TC: Hace diez años que lo conozco.

JUANITA QUINN: ¿Por qué supone él que mi esposo tiene alguna conexión con esa cosa?

TC: ¿Qué cosa?

JUANITA QUINN (sorprendida): *Tiene* que haber oído hablar usted de ello. Bien, ¿por qué cree Jake Pepper que mi esposo está implicado en ello?

TC: ¿*Cree* Jake que su esposo está implicado?

JUANITA QUINN: Eso es lo que dice la gente. Mi hermana me contó...

TC: Pero, ¿qué piensa usted?

Juanita Quinn (alzando su chihuahua y apretándolo contra su pecho): Siento pena por Jake. Debe de ser un solitario. Y está equivocado; no hay nada aquí. Debería olvidarse de todo. Él debería volver a casa. (Cerró los ojos, completamente hastiada.) Oh, bueno, ¿quién sabe? ¿O a quién le importa? No a mí. No a mí, dijo la araña a la mosca. No a mí.

Hubo una conmoción en la mesa de ajedrez. Quinn, celebrando su victoria sobre Jake, se felicitaba estentóreamente: «¡Lo atrapé! Pensó que me tenía agarrado ahí, pero en el momento en que movió su reina..., ¡cerveza caliente y meados de caballo para el Gran Pepper!» Su ronca voz de barítono resonó por toda la abovedada estancia con el brío de una estrella de la ópera. «Ahora usted, joven», me gritó. «Necesito otra partida. Un desafío *bona fide*. El Viejo Pepper no está a la altura ni de lamerme las botas.» Empecé a disculparme, porque la perspectiva de una partida de ajedrez con Quinn era a la vez intimidante y tediosa; hubiera sido distinto si pensara que podía ganarle, invadir triunfante aquella ciudadela de presunción. En una ocasión había ganado un campeonato de ajedrez en la escuela preparatoria, pero eso había sido hacía eones; mis conocimientos del juego llevaban mucho tiempo almacenados en el ático mental. Sin embargo, cuando Jake me hizo un signo de asentimiento con la cabeza, se puso en pie y me ofreció su silla, acepté, dejé a Juanita Quinn ante el silencioso parpadeo de la pantalla de su televisor y me senté delante de su esposo; Jake se quedó de pie detrás de mi silla, una presencia alentadora. Pero Quinn, captando mi dubitativa actuación, la indecisión de mis primeros movimientos, me calificó como un triunfo fácil y reanudó la conversación que mantenía con Jake, al parecer relativa a cámaras y fotografía.

Quinn: Las teutonas son buenas. Yo siempre he utilizado cámaras teutonas. Leica. Rolleiflex. Pero los japos les están zurrando el culo. He comprado una cosa japo, no más grande que una baraja de cartas, capaz de hacer quinientas fotos en un solo rollo de película.

JAKE: Conozco esa cámara. He trabajado con muchos fotógrafos y he visto usarla a algunos de ellos. Richard Avedon tiene una. Dice que no es buena.

QUINN: Si quiere que le diga la verdad, yo todavía no he probado la mía. Espero que su amigo esté equivocado. Podría haber comprado un toro de campeonato por lo que me costó la chuchería.

(De pronto noté los dedos de Jake apretando urgentemente mi hombro, y lo interpreté como un mensaje de que deseaba que yo siguiera con el tema.)

TC: ¿Es usted aficionado a la fotografía?

QUINN: Oh, es algo que viene y va. A empujones. Empecé con ello cuando me cansé de contratar a pretendidos profesionales para que tomaran fotos de mi mejor ganado. Fotos que necesitaba para enviar a los distintos criadores y compradores. Imaginé que yo podía hacerlo igual de bien y ahorrarme unos centavos.

(Los dedos de Jake se clavaron de nuevo en mi hombro.)

TC: ¿Hace usted muchos retratos?

QUINN: ¿Retratos?

TC: De gente.

QUINN (burlón): Yo no los llamaría *retratos*. Instantáneas, quizá. Aparte del ganado, la mayoría de las fotos que hago son de la naturaleza. Paisajes. Tormentas. Las estaciones aquí en el rancho. El trigo cuando está verde y luego cuando está dorado. Mi río..., tengo algunas fotos preciosas de mi río en su época de máximas crecidas.

(El río. Me tensé cuando oí a Jake carraspear, como si estuviera a punto de decir algo; en vez de ello, sus dedos se clavaron más firmemente aún en mi hombro. Jugueteé con un peón, ganando tiempo.)

TC: Entonces debe hacer usted muchas fotos a color.

QUINN (con un asentimiento): Por eso me ocupo yo mismo del

revelado. Cuando envías tus fotos a esos laboratorios, nunca sabes qué demonios van a devolverte.

TC: Oh, ¿tiene usted cuarto oscuro?

QUINN: Si quiere llamarlo así. No es nada del otro mundo.

(La garganta de Jake resonó una vez más, esta vez en un serio intento.)

JAKE: ¿Bob? ¿Recuerda usted las fotos de las que le hablé? Las fotos en los ataúdes. Fueron hechas con una cámara de acción rápida.

QUINN: (Silencio.)

JAKE: Una Leica.

QUINN: Bueno, no la mía. Mi vieja Leica se perdió en la parte más oscura de África. Algún negro me la robó. (Miró el tablero, con el rostro bañado por una expresión de divertido desánimo.) ¡Hey, jodido bribón! Maldita sea su piel. Mire esto, Jake. Su amigo casi me ha hecho jaque mate. *Casi...*

Era cierto; con una habilidad subconscientemente resucitada, había estado haciendo avanzar mi ejército de ébano con considerable aunque inconsciente competencia, y había conseguido maniobrar el rey de Quinn hasta una posición peligrosa. En cierto sentido lamenté mi éxito, porque Quinn lo estaba usando para desviar el ángulo de las inquisiciones de Jake, para dejar a un lado el de pronto sensible tema de la fotografía y volver al ajedrez; por otra parte, me sentí excitado: si jugaba sin cometer ningún fallo podía llegar a ganar. Quinn se rascó la barbilla, con sus grises ojos dedicados a la religiosa tarea de rescatar a su rey. Pero para mí el tablero se convirtió de pronto en algo confuso; mi mente se vio atrapada en un bucle de tiempo, entumecida por recuerdos que habían permanecido dormidos durante casi medio siglo.

Era verano, y yo tenía cinco años y vivía con unos familiares en una pequeña ciudad de Alabama. Había también un río unido a esa ciudad; un río lento y lodoso que me repelía, porque estaba lleno de serpientes de agua y bigotudos barbos. Sin embargo, por mucho que me desagradaran sus feroces hocicos, me encantaban los barbos capturados, fritos y chorreando ketchup; teníamos una cocinera que los servía a menudo. Se llamaba Lucy Joy, aunque pese a su apellido, que quiere decir alegría, pocas veces he visto a un ser humano menos alegre. Era una negra corpulenta, reservada, muy seria; parecía vivir de domingo a domingo, en los que cantaba en el coro de alguna iglesia en los pinares. Pero un día se produjo en ella un cambio notable. Mientras estábamos los dos solos en la cocina, empezó a hablarme acerca de un tal reverendo Bobby Joe Snow, al que describió de una forma tan excitada que encendió mi imaginación: era un milagrero, un famoso evangelista, y pronto iba a llegar a la ciudad; lo esperaban la próxima semana, venía a predicar, a bautizar y a salvar almas. Le pedí a Lucy que me llevara a verle, y ella sonrió y me prometió que lo haría. La verdad era que ya había tomado la decisión de que yo *debía* acompañarla. Porque el reverendo Snow era un hombre blanco, su audiencia era segregada, y Lucy había imaginado que la única forma en que sería bienvenida era si traía consigo a un niño blanco para que lo bautizara. Naturalmente, Lucy no dejó que yo supiera lo que me estaba reservado. La semana siguiente, cuando fuimos al campo de reuniones del reverendo, yo sólo pensaba en el dramatismo de ver a un hombre santo enviado por el cielo para ayudar a los ciegos a ver y a los cojos a caminar. Pero empecé a sentirme inquieto cuando me di cuenta de que nos encaminábamos al río; cuando llegamos allí y vi a centenares de personas reunidas junto a la orilla, gente del campo, basura blanca de los bosques chillando y pateando, vacilé. Lucy se puso furiosa: me arrastró hacia la multitud. Sonaron campanillas, los cuerpos se agitaron. Pude oír una voz por encima de todas las demás, una retumbante voz de barítono que entonaba un canto. Lucy cantó también; gimió, se agitó. Mágicamente, un desconocido me alzó sobre su hombro y pude echar una rápida mirada al hombre con la voz dominante. Estaba plantado en el río con el agua hasta la cintura; iba vestido de blanco; su pelo era entrecano, una empapada y enredada masa; y sus largas manos, tendidas hacia el cielo, imploraban al húmedo sol del mediodía. Intenté ver su rostro, porque sabía que tenía que ser el reverendo Bobby Joe Snow, pero antes de que pudiera hacerlo mi benefactor me dejó caer de vuelta a la repulsiva confusión de extáticos pies, ondulantes brazos, temblorosas panderetas. Supliqué ir a casa; pero Lucy, borracha de gloria, me mantuvo sujeto cerca de ella. El sol ardía; noté el sabor del vómito en mi garganta. Pero no vomité; en vez de ello, empecé a gritar y a aullar y a dar puñetazos: Lucy me empujaba hacia el río, y la multitud se abrió para crear un camino para nosotros. Me debatí hasta que alcanzamos la orilla; entonces dejé de luchar, acallado por la escena. El hombre de la ropa blanca de pie en el río sujetaba a una chiquilla inclinada; recitó unas palabras de las escrituras bíblicas antes de sumergirla brevemente en el agua, luego alzarla de nuevo: chillando y llorando, la niña regresó tambaleante a la orilla. Ahora los simiescos brazos del reverendo se tendieron hacia mí. Mordí a Lucy en la mano, luché para liberarme de la otra presa. Pero un muchacho campesino me agarró y me arrastró al agua. Cerré los ojos; olí el pelo de Jesús, sentí los brazos del reverendo que me arrastraban hacia abajo en dirección a la ahogante negrura, luego, horas más tarde, me lanzaban de nuevo hacia la luz del sol. Abrí los ojos, contemplé sus ojos grises de maníaco. Su rostro, ancho pero demacrado, se acercó más, y me besó en los labios. Oí una fuerte risotada, una erupción como el tabletear de una ametralladora: «¡Jaque mate!».

QUINN: ¡Jaque mate!
JAKE: Demonios, Bob. Sólo ha sido educado. Le ha dejado ganar.

(El beso se disolvió; el rostro del reverendo se alejó y fue reemplazado por un rostro virtualmente idéntico. Así que fue en Alabama, unos cincuenta años antes, donde vi por primera vez al señor Quinn. O al menos a su contrapartida: Bobby Joe Snow, evangelista.)

QUINN: ¿Qué, Jake? ¿Está dispuesto a perder otro dólar?

JAKE: No esta noche. Vamos a ir a Denver por la mañana. Mi amigo ha de tomar un avión allí.

QUINN (a mí): Caramba. Eso casi no ha sido ni una visita. Vuelva pronto. Vuelva en verano, y le llevaré a pescar truchas. Claro que ya no es lo que era. Antes podías contar con pescar una arco iris de tres kilos al primer intento. Antes de que arruinaran mi río.

(Nos fuimos sin decirle buenas noches a Juanita Quinn; se había quedado profundamente dormida y roncaba. Quinn nos acompañó hasta el coche: «Vayan con cuidado», advirtió, mientras nos saludaba con la mano y aguardaba hasta que nuestras luces traseras de posición desaparecieron de su vista.)

JAKE: Bueno, averigüé una cosa, gracias a usted. Ahora *sé* que revela él mismo sus fotos.

TC: Jake... ¿Por qué no le dejó a Addie decirme qué aspecto tenía?

JAKE: Hubiera podido influenciar su primera impresión. Quería que lo viera usted con ojos claros y me dijera lo que veía.

TC: Vi a un hombre al que ya había visto antes.

JAKE: *¿Quinn?*

TC: No, no Quinn. Pero alguien muy parecido a él. Su hermano gemelo.

JAKE: Hábleme en cristiano.

(Le describí aquel día de verano, mi bautismo... Para mí estaba muy claro: las similitudes ente Quinn y el reverendo Snow, los lazos que los relacionaban; pero hablé demasiado emotivamente, metafísicamente, para comunicar lo que sentía, y pude captar la decepción de Jake: había esperado de mí una serie de percepciones sensibles, intuiciones prístinas y pragmáticas que pudieran ayudarle a aclarar su propio concepto del carácter de Quinn, las motivaciones del hombre.

Guardé silencio, apesadumbrado por haberle fallado a Jake. Pero cuando llegamos a la carretera y nos encaminamos de vuelta a la ciudad, Jake me hizo saber que, por entremezclados y confusos que hubieran podido parecerle mis recuerdos, había descifrado al menos en parte lo que yo le había expresado de una forma tan deficiente.)

Bueno, Bob Quinn *piensa* que es Dios Todopoderoso.

TC: No piensa. Sabe.

JAKE: ¿Alguna duda?

TC: No, ninguna duda. Quinn es el hombre que talla los ataúdes de artesanía.

JAKE: Y algún día, pronto, tallará el suyo propio. O no me llamo Jake Pepper.

Durante los siguientes meses llamé a Jake al menos una vez a la semana, normalmente los domingos, cuando estaba en casa de Addie, lo cual me daba la oportunidad de hablar con ambos. En general Jake abría nuestra conversación diciendo: «Lo siento, socio. Nada nuevo que informar.» Pero, un domingo, Jake me dijo que él y Addie habían decidido ya el día de la boda: el 10 de agosto. Y Addie añadió: «Esperamos que pueda venir.» Prometí que lo haría, aunque la fecha entraba en conflicto con un planeado viaje de tres semanas a Europa; bueno, cambiaría un poco los planes. De todos modos, al final tuvieron que ser los novios quienes alteraran la fecha, porque el agente de la Oficina que se suponía que debía reemplazar a Jake mientras éste estaba en su luna de miel («¡Iremos a Honolulú!») tuvo un ataque de hepatitis, y la boda fue pospuesta hasta el 1 de setiembre. «Maldita suerte», le dije a Addie. «Pero por aquel entonces ya habré vuelto; estaré ahí.»

Así que a primeros de agosto volé con Swissair a Suiza, y haraganeé varias semanas en un pueblecito alpino, tomando el sol entre las nieves eternas. Dormí, comí, volví a leer todo Proust, que es algo así como sumergirse en la marejada con destino desconocido. Pero mis pensamientos giraban a menudo alrededor del señor Quinn; ocasionalmente, mientras dormía, llamaba a la puerta y entraba en mis sueños, a veces como él mismo, con sus ojos grises resplandecientes tras las gafas de montura de alambre, pero de tanto en tanto disfrazado como el reverendo Snow y su blanco atuendo.

Un breve soplo de aire alpino es estimulante, pero unas prolongadas vacaciones en las montañas pueden convertirse en claustrofóbicas, suscitar inexplicables depresiones. De todos modos, un día, cuando uno de esos humores depresivos remitió, alquilé un coche y crucé el Gran San Bernardo hasta Italia y Venecia.

En Venecia uno siempre va disfrazado y con una máscara; es decir, no eres tú mismo, y no eres responsable de tu comportamiento. No era mi auténtico yo el que llegó a Venecia a las cinco de la tarde y, antes de la medianoche, subía al tren con destino a Estambul. Todo empezó en el bar de Harry, como empiezan tantas escapadas venecianas. Acababa de pedir un martini cuando, ¿quién cruza las puertas basculantes sino Gianni Paoli, un enérgico periodista al que había conocido en Moscú, donde era corresponsal de un periódico italiano? Juntos, y ayudados por el vodka, habíamos revivido la llama de más de un apagado restaurante ruso. Gianni estaba en Venecia camino de Estambul; tomaba el Oriente Exprés a medianoche. Seis martinis más tarde me habían convencido de que fuera con él. Era un viaje de dos días y dos noches; el tren serpenteaba cruzando Yugoslavia y Bulgaria, pero nuestras impresiones de esos países quedaron confinadas a lo que veíamos por la ventanilla de nuestro compartimiento del coche-cama, que no abandonábamos nunca excepto para renovar nuestra provisión de vino y vodka.

La habitación daba vueltas. Se paraba. Daba vueltas. Bajé de la cama. Mi cerebro era una masa de cristales rotos que entrechocaban dolorosamente dentro de mi cabeza. Pero podía mantenerme en pie; podía caminar; incluso recordaba dónde estaba: en el hotel Hilton de Estambul. Me dirigí tambaleante al balcón que daba al Bósforo. Gianni Paoli estaba tostándose al sol allí, tomando su desayuno y leyendo la edición parisina del *Herald Tribune*. Miré con un parpadeo la fecha del periódico. Era el uno de setiembre. ¿Por qué esta fecha me causaba unas sensaciones tan fuertes? Náusea; culpabilidad; remordimiento. ¡Santo cielo, había olvidado la boda! Gianni no podía imaginar por qué estaba tan trastornado (los italianos siempre están trastornados, pero nunca comprenden por qué lo están los demás); echó vodka en el zumo de naranja, me lo ofreció y dijo bebe, emborráchate: «Pero primero envíales un telegrama.» Acepté su consejo, todos ellos. El telegrama decía: *Imposible acudir razones perentorias pero deseo toda la felicidad del mundo en este maravilloso día.* Más tarde, cuando el descanso y la abstinencia pusieron firme mi mano, les escribí una corta carta; no mentí, simplemente no les expliqué cuáles habían sido las «razones perentorias»; les decía que volaba de vuelta a Nueva York dentro de pocos días, y que les telefonearía tan pronto como regresaran de su luna de miel. Dirigí la carta al señor y la señora Jake Pepper, y cuando la dejé en la conserjería del hotel para que la enviaran me sentí aliviado, exonerado; pensé en Addie y en Jake paseando al anochecer por la playa de Waikiki, el mar a su lado, las estrellas sobre sus cabezas; me pregunté si Addie sería demasiado mayor para tener hijos.

Pero no fui a casa. Ocurrieron cosas. Encontré a un viejo amigo en Estambul, un arqueólogo que estaba trabajando en unas excavaciones en la costa de Anatolia al sur de Turquía; me invitó a unirme a él, dijo que me gustaría, y tenía razón, me gustó. Nadé todos los días, aprendí a bailar danzas folklóricas turcas, bebí ouzo y bailé al aire libre todas las noches hasta la madrugada en la taberna local; me quedé dos semanas. Después viajé en barco a Atenas, y desde allí tomé un avión a Londres, donde tenía que acudir a un pleito. Era octubre, casi otoño, antes de que hiciera girar la llave que abría la puerta de mi apartamento en Nueva York.

Un amigo, que había estado acudiendo al apartamento a regar las plantas, había dispuesto mi correo en ordenados montones encima de la mesa de la biblioteca. Había un cierto número de telegramas, y los ojeé antes de quitarme el abrigo. Abrí uno; era una invitación a una fiesta de Halloween. Abrí otro; estaba firmado Jake: *Llámeme es urgente.* Estaba fechado el 29 de agosto, hacía seis semanas. Apresuradamente, sin permitirme siquiera creer en lo que estaba pensando, busqué el teléfono de Addie y marqué el número; no respondió nadie. Luego hice una llamada persona a persona al motel de la Pradera: no, el señor Pepper no estaba registrado en aquellos momentos en el motel; sí, la operadora creía que podía ser contactado a través de la Oficina Estatal de Investigación. Llamé allí; un hombre —un terco hijoputa— me informó que el detective Pepper estaba ausente con licencia y que no, no podía indicarme su paradero («Va contra las normas»); y cuando le di mi nombre y le dije que llamaba desde Nueva York dijo oh sí, y cuando dije escuche, por favor, esto es muy importante, el muy hijoputa me colgó.

Necesitaba ir a orinar; pero el deseo, que había sido insistente durante todo el camino desde el aeropuerto Kennedy, disminuyó y desapareció mientras contemplaba las cartas amontonadas sobre la mesa de la biblioteca. La intuición me atrajo hacia ellas. Revisé los montones con la velocidad profesional de un cartero que las seleccionara, buscando la letra de Jake. La encontré. El sobre estaba matasellado el 10 de setiembre; tenía el membrete oficial de la Oficina de Investigación, y había sido enviada desde la capital del estado. Era una carta breve, pero el firme estilo masculino de los rasgos apenas ocultaban la angustia del autor:

Su carta de Estambul llegó hoy. Cuando la leí estaba sobrio. Ahora no lo estoy. El agosto pasado, el día que murió Addie, le envié un telegrama pidiéndole que me llamara. Pero supongo que estaba usted en ultramar. Pero eso es lo que tenía que decirle: Addie ha muerto. Todavía no puedo creerlo, nunca lo creeré, no hasta que sepa cómo ocurrió realmente. Dos días antes de nuestra boda ella y Marylee fueron a nadar al río Azul. Addie se ahogó; pero Marylee no la vio ahogarse. No puedo escribir sobre ello. Tengo que marcharme. No confío en mí mismo. Allá donde vaya, Marylee Connor sabrá cómo localizarme. Adiós...

MARYLEE CONNOR: ¡Oh, hola! Claro que reconocí en seguida su voz.

TC: He estado llamándola cada media hora durante toda la tarde.

MARYLEE: ¿Dónde está usted?

TC: En Nueva York.

MARYLEE: ¿Qué tal tiempo hace?

TC: Está lloviendo.

MARYLEE: Aquí también llueve. Pero podemos acostumbrarnos a ello. Ha sido un verano tan seco. No hay forma de quitarte el polvo del pelo. ¿Dice usted que me ha estado llamando?

TC: Toda la tarde.

MARYLEE: Oh, pues estaba en casa. Pero me temo que mi oído no es tan bueno últimamente. Y he estado abajo en el sótano y arriba en el ático. Empaquetando cosas. Ahora que estoy sola, esta casa es demasiado para mí. Tenemos una prima, también es viuda, que se compró algo en Florida, un condominio, y voy a irme a vivir con ella. Bueno, ¿cómo está usted? ¿Ha hablado con Jake últimamente?

(Le expliqué que acababa de regresar de Europa y que no había conseguido contactar con Jake; me dijo que estaba con uno de sus hijos en Oregón y me dio el número de teléfono.)

Pobre Jake. Se lo ha tomado tan mal. De algún modo parece culparse a sí mismo de lo ocurrido. Oh. ¿Usted no lo *sabía*?

TC: Jake me escribió, pero no he recibido la carta hasta hoy. No puedo decirle cuánto lamento...

MARYLEE (con una dificultad en la voz): ¿No sabía usted lo de Addie?

TC: No hasta hoy...

MARYLEE (suspicaz): ¿Qué le dice Jake?

TC: Dice que se ahogó.

MARYLEE (a la defensiva, como si estuviera discutiendo): Bueno, eso es lo que pasó. Y no me importa lo que Jake piense. Bob Quinn no estaba visible por ninguna parte. Él *no pudo* haber tenido nada que ver con ello.

(La oí inspirar profundamente, luego siguió una larga pausa..., como si, intentando controlarse, estuviera contando hasta diez.)

Si hay que culpar a alguien es a mí. Fue idea mía ir hasta el Remanso Arenoso a nadar un poco. El Remanso Arenoso ni siquiera pertenece a Quinn. Está en el rancho de Miller. Addie y yo siempre íbamos allí; hay sombra y puedes protegerte del sol. Es la parte más segura del río Azul; forma un estanque natural, y es donde aprendimos a nadar cuando éramos pequeñas. Ese día tuvimos el Remanso Arenoso todo para nosotras; nos metimos juntas en el agua, y Addie observó que dentro de una semana estaría nadando en el océano Pacífico. Addie era una buena nadadora, pero yo me canso fácilmente, así que después de refrescarme un poco extendí una toalla bajo un árbol y empecé a leer algunas de las revistas que habíamos traído con nosotras. Addie se quedó en el agua; la oí decir: «Voy a nadar más allá de la curva y a sentarme un poco en la cascada.» En la parte sur del Remanso Arenoso el río hace un giro; detrás del giro hay un saliente rocoso que cruza el lecho del río y crea una pequeña cascada: una caída de no más de medio metro. Cuando éramos niñas resultaba divertido sentarse en el reborde y ver cómo el agua se deslizaba entre nuestras piernas.

Yo me quedé leyendo sin darme cuenta del paso del tiempo hasta que sentí un pequeño estremecimiento de frío y vi que el sol se estaba hundiendo hacia las montañas; no me preocupé: imaginé que Addie seguía disfrutando de la cascada. Pero al cabo de un rato caminé río abajo y grité: ¡Addie! ¡Addie! Pensé: Quizás intenta gastarme una broma. Así que subí el terraplén hasta la parte más elevada del Remanso Arenoso; desde allí puede verse la cascada y todo el río que avanza hacia el norte. No había nadie allí: Addie no estaba. Entonces, justo debajo de la cascada, vi un lirio blanco que flotaba balanceándose en el agua. Pero luego me di cuenta de que no era un lirio; era una mano..., en la que destellaba un diamante: el anillo de compromiso de Addie, el pequeño diamante que Jake le había regalado. Me deslicé terraplén abajo y vadeé el río y me arrastré a lo largo del borde de la cascada. El agua era muy clara y no demasiado profunda: pude ver el rostro de Addie bajo la superficie y su pelo enredado entre las ramas de un árbol sumergido. No había nada que hacer... Agarré su mano y tiré y tiré con todas mis fuerzas pero no conseguí moverla. De alguna forma, nunca sabré cómo, se cayó del saliente, y el árbol atrapó su pelo y la retuvo abajo. *Muerte accidental por ahogo.* Ése fue el veredicto del coroner. ¿Me escucha?

TC: Sí, estoy aquí.

MARYLEE: Mi abuela Mason nunca utilizó la palabra «muerte». Cuando moría alguien, en especial alguien que le importaba, siempre decía que había sido «llamado de vuelta». Quería decir no que había sido enterrado, que lo habían perdido para siempre, sino que esa persona había sido «llamada de vuelta» a un feliz lugar de infancia, un mundo de cosas vivas. Y así es como me siento yo respecto a mi hermana. Addie fue llamada de vuelta a vivir entre las cosas que ama. Los niños. Los niños y las flores. Los pájaros. Las plantas silvestres que siempre hallaba en las montañas.

TC: Lo siento tanto, señora Connor. Yo...

MARYLEE: Está bien, querido.

TC: Me gustaría que hubiera algo...

MARYLEE: Bueno, ha sido estupendo escucharle. Y cuando hable con Jake, recuerde transmitirle mi cariño.

Me duché, coloqué una botella de brandy al lado de mi cama, me metí bajo las sábanas, cogí el teléfono de la mesilla de noche, lo apoyé sobre mi estómago y marqué el número de Oregón que me había dado Marylee. Respondió el hijo de Jake; dijo que su padre había salido, que no estaba seguro de dónde y que no sabía cuándo volvería. Le dejé un mensaje a Jake de que me llamara tan pronto como volviera a casa, no importaba la hora. Me llené la boca con todo el brandy que podía contener y lo pasé de lado a lado como si estuviera haciendo enjuagues, una medicina para impedir que mis dientes castañetearan. Dejé que el brandy se deslizara garganta abajo. El sueño, con la forma curvada de un murmurante frío, fluyó a través de mi cabeza; al final siempre era el río; todo volvía a él. Quinn pudo proporcionar las serpientes de cascabel, el fuego, la nicotina, el alambre de acero; pero el río había inspirado todo aquello, y ahora había reclamado también a Addie. Addie: su pelo, enredado en excrecencias subacuáticas, derivó en mi sueño cruzando su oscilante rostro ahogado como un velo de novia.

Un temblor de tierra me sobresaltó; era el teléfono retumbando sobre mi estómago, donde se había quedado mientras yo me adormecía. Supe que era Jake. Lo dejé sonar mientras me servía una dosis de brandy suficiente para hacer que se me abrieran los ojos.

TC: ¿Jake?

JAKE: ¿Así que finalmente ha vuelto al hogar?

TC: Esta mañana.

JAKE: Bueno, no se perdió la boda después de todo.

TC: He leído su carta. Jake...

JAKE: No. No tiene que hacerme un discurso.

TC: He llamado a la señora Connor. A Marylee. Hemos tenido una larga charla...

JAKE (alerta): ¿De veras?

TC: Me ha contado todo lo que ocurrió...

JAKE: ¡Oh, no, no lo ha hecho! ¡Que me maldiga si lo ha hecho!

TC (sobresaltado por la dureza de la respuesta): Pero, Jake, ella ha dicho...

JAKE: *Ajá*. ¿Qué ha dicho?

TC: Ha dicho que fue un accidente.

JAKE: ¿Y usted lo cree?

    (El tono de su voz, lúgubremente burlón, sugería la expresión de Jake: sus ojos duros, sus delgados y burlones labios fruncidos.)

TC: Por lo que me ha dicho, parece la única explicación.

JAKE: Ella no sabe lo que ocurrió. Ella no estuvo *allí*. Estaba sentada sobre su culo, leyendo revistas.

TC: Bueno, si fue Quinn...

JAKE: Estoy escuchando.

TC: Entonces tiene que ser un mago.

JAKE: No necesariamente. Pero no puedo discutir eso ahora. Pronto, quizá. Ha ocurrido algo que puede que acelere las cosas. Santa Claus llegó pronto este año.

TC: ¿Se refiere a Jaeger?

JAKE: Sí señor, el jefe de correos recibió su paquete.

TC: ¿Cuándo?

JAKE: Ayer. (Se echó a reír, no con placer pero sí con excitación, con energía liberada.) Malas noticias para Jaeger pero buenas noticias para mí. Mi plan era permanecer aquí hasta después del Día de Acción de Gracias. Pero amigo, me estaba volviendo loco. Todo lo que podía oír era puertas que se cerraban. En todo lo que podía pensar era en: ¿Supongamos que no va detrás de Jaeger? ¿Supongamos que no me da esta última oportunidad? Bueno, puede llamarme usted al motel de la Pradera mañana por la noche. Porque allí es donde voy a estar.

TC: Jake, espere un momento. Tuvo que ser un accidente. Lo de Addie, quiero decir.

JAKE (untuosamente paciente, como dando instrucciones a un aborigen retrasado): Mire, voy a dejarle algo para que pueda dormir con ello.

El Remanso Arenoso, donde ocurrió ese «accidente», es propiedad de un hombre llamado A. J. Miller. Hay dos formas de llegar hasta allá. El camino más corto es tomar un sendero que cruza las tierras de Quinn y conduce directamente al rancho de Miller. Que es lo que las damas hicieron.

Adiós, amigo.

Naturalmente, el algo que me había hecho dormir me dejó ahora sin sueño hasta el despuntar del alba. Las imágenes se formaban y se desvanecían; era como si estuviera montando mentalmente una película.

Addie y su hermana están en su coche conduciendo por la carretera. Se salen de ella a un camino de tierra que forma parte del rancho B.Q. Quinn está de pie en el porche de su casa; o quizás observando desde una ventana; sea como sea, en algún momento espía al coche que pasa por sus tierras, reconoce a sus ocupantes, y supone que se encaminan a nadar un poco en el Remanso Arenoso. Decide seguirlas. ¿En coche? ¿A caballo? ¿A pie? Sea como sea, se acerca dando un rodeo a la zona donde se están bañando las mujeres. Una vez allí, se oculta ente los árboles por encima del Remanso. Marylee está descansando sobre una toalla, leyendo revistas. Addie está en el agua. Oye a Addie decirle a su hermana: «Voy a nadar más allá de la curva y a sentarme un poco en la cascada.» Quinn aguarda hasta estar seguro de que está absorta en la cascada. Entonces se desliza terraplén abajo (el mismo terraplén que usará más tarde Marylee para buscarla). Addie no le oye, el chapotear de la cascada cubre el sonido de sus movimientos. Pero, ¿cómo evitar sus ojos? Porque evidentemente, en el instante mismo en que le vea, se dará cuenta del peligro, protestará, gritará. No, obtiene su silencio con una pistola. Addie oye algo, alza la vista, ve a Quinn que cruza el saliente a largas zancadas, apuntándola con un revólver..., la empuja fuera de la cascada, salta tras ella, la retiene debajo de la superficie: el bautismo final.

Era posible.

Pero el amanecer y el inicio de los ruidos del tráfico de Nueva York amortiguaron mi entusiasmo hacia las fantasías febriles, me sumergieron rápidamente en este desmoralizador abismo que es la realidad. Jake no tenía ninguna elección: como Quinn, se había lanzado a una tarea apasionada, y su tarea, su deber humano, era demostrar que Quinn era responsable de nueve muertes indecentes, en particular la muerte de una cálida y sociable mujer con la que había deseado casarse. Pero, a menos que Jake hubiera desarrollado una teoría más convincente que la que había elaborado mi imaginación, entonces prefería olvidarlo; me sentí satisfecho de quedarme dormido recordando el veredicto de puro sentido común del coroner: *Muerte accidental por ahogo.*

Una hora más tarde estaba completamente despierto, víctima del *jet lag*, las consecuencias del cambio de horario del viaje transcontinental en avión. Despierto pero débil, irritable; y hambriento, famélico. Por supuesto, debido a mi prolongada ausencia, la nevera no contenía nada comestible. Leche agria, pan estropeado, plátanos negros, huevos podridos, naranjas arrugadas, manzanas marchitas, tomates pútridos, un pastel de chocolate con una cobertura de hongos. Me hice una taza de café, le añadí brandy, y con esto para fortalecerme examiné el correo acumulado. Mi cumpleaños había sido el 30 de setiembre, y unos cuantos amigos me habían enviado tarjetas de felicitación. Una de ellas era de Fred Wilson, el detective retirado y amigo mutuo que me había presentado a Jake Pepper. Sabía que estaba familiarizado con el caso de Jake, que Jake le consultaba a menudo, pero por alguna razón nunca habíamos hablado de ello, una omisión que rectifiqué ahora llamándole.

TC: ¿Hola? ¿Puedo hablar con el señor Wilson, por favor?

Fred Wilson: Está hablando con él.

TC: ¿Fred? Parece como si tuvieras encima un maldito resfriado.

Fred: Puedes apostar a que sí. Es el maldito bisabuelo de todos los resfriados.

TC: Gracias por la postal de felicitación.

Fred: Oh, demonios. No necesitas gastar tu dinero sólo para decirme esto.

TC: Bueno, también quería hablarte de Jake Pepper.

Fred: Vaya, parece que al final sí existe la telepatía. Precisamente estaba pensando en Jake cuando ha sonado el teléfono. ¿Sabes?, su Oficina lo tiene de vacaciones. Están intentando sacarlo del caso.

TC: Ahora está de vuelta a él.

(Después de que le contara la conversación que había tenido con Jake la noche anterior, Fred me hizo varias preguntas, sobre todo sobre la muerte de Addie Mason y las opiniones de Jake relativas a ella.)

FRED: Estoy malditamente sorprendido de que la Oficina le deje volver a él. Jake es el hombre de mente más ecuánime que haya conocido nunca. No hay nadie en nuestro negocio al que respete más que a Pepper. Pero ha perdido todo su buen juicio. Se ha estado dando con la cabeza contra una pared durante tanto tiempo que ha perdido todos los sentidos. De acuerdo, fue terrible lo que le ocurrió a su novia. Pero fue un accidente. Se ahogó. Aunque Jake no puede aceptarlo. Está recorriendo los tejados gritando asesinato. Acusando a ese hombre, Quinn.

TC (resentido): Puede que Jake tenga razón. Es posible.

FRED: Y también es posible que el hombre sea inocente en un cien por ciento. De hecho, éste parece ser el consenso general. He hablado con algunos tipos de la propia Oficina de Jake, y dicen que no se puede ni aplastar una mosca con las pruebas que han conseguido. Dicen que es algo muy embarazoso. Y el propio jefe de Jake me dijo que, por todo lo que él sabía, Quinn no ha matado nunca a nadie.

TC: Mató a dos cuatreros.

FRED (una risita, seguida por un acceso de tos): Bueno, nosotros no le llamamos matar a esto. No por estas latitudes.

TC: Excepto que no eran cuatreros. Eran dos jugadores de Denver; Quinn les debía dinero. Y lo que es más, no creo que la muerte de Addie fuera un accidente.

(Desafiante, con una sorprendente autoridad, le relaté el «asesinato» tal como lo había imaginado; las suposiciones que había rechazado al amanecer parecían ahora no sólo plausibles sino vívidamente convincentes: Quinn *había* seguido a las hermanas hasta el Remanso Arenoso, se había ocultado entre los árboles, se había deslizado terraplén abajo, había amenazado a Addie con una pistola, la había empujado, la había ahogado.)

FRED: Ésa es la historia de Jake.

TC: No.

FRED: ¿Es algo que has elaborado por ti mismo?

TC: Más o menos.

FRED: De todos modos, *es* la historia de Jake. Espera un momento, voy a darle un meneo a mi trompetilla.

TC: ¿Qué quieres decir con «*es* la historia de Jake»?

FRED: Como te he dicho, tiene que existir la telepatía. Pon o quita algunos detalles pequeños, y esa *es* la historia de Jake. Hizo un informe, y me envió una copia. Y en el informe así es como reconstruyó los hechos: Quinn vio el coche, las siguió...

(Fred siguió hablando. Me golpeó una ardiende ola de vergüenza; me sentí como un escolar atrapado copiando en un examen. Irracionalmente, en vez de culparme a mí mismo, culpé a Jake; me sentí furioso contra él por no haber producido ninguna solución sólida, abatido de que sus conjeturas no fueran mejores que las mías. Confiaba en Jake, el profesional, y me sentí miserable cuando me di cuenta de que la confianza se tambaleaba. Pero era una mezcla tan tomada por los pelos, Quinn y Addie y la cascada. Pese a todo, independientemente de los destructivos comentarios de Fred Wilson, sabía que la fe básica que sentía hacia Jake estaba justificada.)

La Oficina se halla en una delicada situación. Tienen que apartar a Jake de este caso. Él mismo se ha descalificado. ¡Oh, luchará contra ellos! Pero será por su propia reputación. Y por su seguridad también. Una noche, después de que perdiera a su novia, me llamó por teléfono hacia las cuatro de la madrugada. Más borracho que un centenar de indios bailando en un campo de maíz. La esencia de lo que me dijo era: iba a desafiar a Quinn a un duelo. Le llamé a la mañana siguiente. El muy hijoputa ni siquiera recordaba haberme llamado.

La ansiedad, como les dirá cualquier psiquiatra caro, es causada por la depresión; pero la depresión, como les informará el mismo psiquiatra en una segunda visita y por una tarifa adicional, es causada por la ansiedad. Di vueltas alrededor de este monótono círculo vicioso toda la tarde. A la caída de la noche los dos demonios se habían combinado; mientras la ansiedad copulaba con la depresión, permanecí sentado contemplando el controvertido invento del señor Bell, temiendo el momento de marcar el número del motel de la Pradera y escuchar a Jake admitir que la Oficina lo apartaba del caso. Por supuesto, una buena comida habría ayudado; pero ya había eliminado mi hambre comiéndome el pastel de chocolate con el glaseado de hongos. O hubiera podido ir a un cine y fumar un poco de hierba. Pero cuando te hallas en este estado el único remedio duradero es cabalgar con él: aceptar la ansiedad, deprimirte, relajarte, y dejar que la corriente te arrastre allá donde quiera.

OPERADORA: Buenas noches. Aquí el motel de la Pradera. ¿El señor Pepper? Hey, Ralph, ¿has visto por aquí a Jake Pepper? ¿En el bar? ¿Señor? La persona a la que busca está en el bar. Le paso.

TC: Gracias.

(Recuerdo el bar de la Pradera; al contrario que el motel, tenía un cierto encanto de tira cómica. Clientes vestidos de cowboy, paredes sin enlucir decoradas con pósters de mujeres ligeras de ropa y sombreros mexicanos, unos servicios para ELLOS y otros para ELLAS, y una máquina de discos dedicada a los acordes de la música Country & Western. El estallido de la máquina de discos anunció que el camarero había contestado al teléfono.)

CAMARERO: ¡Jake Pepper! Llamada para usted. ¿Señor? Desea saber quién le llama.

TC: Un amigo de Nueva York.

VOZ DE JAKE (distante, aumentando de volumen a medida que se acercaba al auricular): Claro que tengo amigos en Nueva York. Y en Tokio. Y en Bombay. ¡Hola, amigo de Nueva York!

TC: Parece que está alegre.

JAKE: Tan alegre como el mono de un mendigo.

TC: ¿Puede hablar? ¿O debo llamarle más tarde?

JAKE: Aquí está bien. Hay tanto ruido que nadie podrá oírme.

TC (tentativo, temeroso de abrir heridas): Bien. ¿Cómo van las cosas?

JAKE: No tan bien como podrían ir.

TC: ¿Es la Oficina?

JAKE (desconcertado): ¿La Oficina?

TC: Bueno, pensé que podían plantearle algunos problemas.

JAKE: Ellos no me plantean *a mí* ningún problema. Yo sí les estoy planteando muchos a ellos. Son una pandilla de bobalicones. No, es ese cabeza de chorlito de Jaeger. Nuestro querido jefe de correos. Es un gallina. Quiere largarse. Y no sé cómo detenerle. Pero tengo que hacerlo.

TC: ¿Por qué?

JAKE: «El tiburón necesita carnaza.»

TC: ¿Ha hablado usted con Jaeger?

JAKE: Durante horas. Ahora está conmigo. Sentado ahí en un rincón, como un pequeño conejo blanco dispuesto a saltar dentro de su agujero.

TC: Bueno, puedo comprender eso.

JAKE: No puedo permitírselo. Tengo que retener a ese viejo marica. Pero, ¿cómo? Tiene sesenta y cuatro años; ha conseguido ahorrar un montón de pasta, y luego está su pensión en perspectiva. Es soltero; ¡su pariente vivo más próximo es Bob Quinn! Por el amor de Dios. Y escuche esto: sigue sin creer que Quinn lo hizo. Dice sí, quizá hay alguien que tiene intención de hacerme daño, pero no puede ser Bob Quinn; es mi propia carne y mi propia sangre. Sólo hay una cosa que le hace pensar.

TC: ¿Algo que ver con el paquete?

JAKE: Ajá.

TC: ¿La letra? No, no puede ser eso. Tiene que ser la foto.

JAKE: Acertó. Esta foto es diferente. No es como las otras. Por un lado, tiene como unos veinte años de antigüedad. Fue tomada en la Feria del Estado; Jaeger desfila con el club Kiwani…, lleva el sombrero de los kiwanianos. *Quinn tomó esa foto.* Jaeger dice que le vio hacerla; la razón de que la recuerda es porque le pidió a Quinn que le diera una copia, y Quinn nunca lo hizo.

TC: Esto debería hacer que el jefe de correos se lo pensara dos veces. Aunque dudo que esto pueda hacer mucho en un jurado.

JAKE: En realidad, ni siquiera ha hecho mucho en el jefe de correos.

TC: ¿Pero está lo bastante asustado como para abandonar la ciudad?

JAKE: Está asustado. Pero, aunque no lo estuviera, no hay nada que le retenga aquí. Dice que siempre planeó pasar los últimos años de su vida viajando. Mi trabajo consiste en retrasar ese viaje. Indefinidamente. Escuche, será mejor que no deje a mi conejito solo demasiado tiempo. Así que deséeme suerte. Y manténgase en contacto conmigo.

Le deseé suerte, pero no la tuvo; al cabo de una semana, tanto el jefe de correos como el detective habían seguido caminos separados: el primero hizo las maletas para lanzarse a la vida nómada, y el segundo porque la Oficina lo retiró del caso.

Las siguientes notas son extractadas de mis diarios personales: de 1975 a 1979.

20 de octubre de 1975: Hablé con Jake. Está muy amargado; escupe veneno en todas direcciones. Dice que «por dos medallas y un dólar confederado» abandonaría, firmaría su renuncia e iría a Oregón a trabajar en la granja de su hijo. «Pero mientras esté aquí con la Oficina todavía tengo un látigo que chasquear.» También, si renunciaba ahora, podía comprometer la pensión de su retiro, un *beau geste* que estoy seguro que no puede permitirse.

6 de noviembre de 1975: Hablé con Jake. Dijo que tienen una epidemia de cuatreros en la parte nordeste del estado. Los

cuatreros roban el ganado por la noche, lo cargan en camiones y lo bajan a los Dakotas. Dijo que él y algunos otros agentes habían pasado las últimas noches al aire libre, ocultos entre las cabezas de ganado, aguardando a unos cuatreros que nunca se presentaron: «¡Y hombre, hace frío ahí fuera! Ya soy demasiado viejo para estas cosas de jovencito.» Mencionó que Marylee Connor se había trasladado a Sarasota.

25 de noviembre de 1975: Día de Acción de Gracias. Desperté esta mañana y pensé en Jake, y recordé que hacía justo un año que había hecho su «gran progreso», que había ido a comer a casa de Addie y ella le había hablado de Quinn y el río Azul. Decidí no llamarle; podía agravar, antes que aliviar, las dolorosas ironías ligadas a este aniversario en particular. Llamé a Fred Wilson y a su esposa, Alice, para desearles «*bon appétit*». Fred me preguntó por Jake; le conté que lo último que había sabido de él era que estaba persiguiendo cuatreros. Fred dijo: «Sí, le están haciendo trabajar hasta que se le caiga el culo. Intentando mantener su mente alejada de ese otro asunto, que los chicos de la Oficina llaman "la pequeña serpiente de cascabel". Se lo han asignado a un compañero joven llamado Nelson; pero esto es sólo por las apariencias. Legalmente el caso está abierto pero, para todos los efectos prácticos, la Oficina lo ha tachado con una gruesa línea.»

5 de diciembre de 1975: Hablé con Jake. Lo primero que dijo fue: «Le gustará saber que el jefe de correos está sano y salvo en Honolulú. Ha estado enviando tarjetas postales a todo el mundo. Estoy seguro de que le envió una a Quinn. Bueno, él tendría que ir a Honolulú, y yo en su caso no lo haría. Sí, señor, la vida es extraña.» Dijo que todavía estaba «con el asunto de los cuatreros. Y empiezo a estar harto de él. Creo que en realidad me tendría que unir a los cuatreros. Ganan cien veces más dinero que yo».

20 de diciembre de 1975: Recibí una tarjeta de felicitación de Navidad de Marylee Connor. Escribe: «¡Sarasota es encantadora! Es mi primer invierno en un clima cálido, y puedo decir sinceramente que no echo en falta mi hogar. ¿Sabía que

Sarasota es famosa como cuartel de invierno del circo Ringling Bros.? ¿Circo? Mi prima y yo vamos a menudo a ver los ensayos. ¡Es de lo más divertido! Nos hemos hecho amigas de una mujer rusa que entrena acróbatas. Que Dios le conceda un buen Año Nuevo, y permítame adjuntarle un pequeño regalo.» El regalo era una instantánea de aficionado, tomada de un álbum familiar, de Addie adolescente, quizá dieciséis años, de pie en un jardín florido, vestida con un traje de verano blanco con una cinta para el pelo a juego, y sujetando entre sus brazos, como si fuera algo tan frágil como el follaje que la rodeaba, un gatito blanco; el gatito estaba bostezando. Al dorso de la foto Marylee había escrito: *Adelaide Minerva Mason. Nacida el 14 de junio de 1930. Llamada de vuelta el 29 de agosto de 1975.*

1 de enero de 1976: Llamó Jake: «¡Feliz Año Nuevo!» Sonó como un sepulturero cavando su propia tumba. Dijo que había pasado el día de Nochebuena en la cama leyendo *David Copperfield.* «La Oficina dio una gran fiesta. Pero yo no fui. Sabía que si iba me emborracharía y golpearía algunas cabezas. Quizá muchas cabezas. Borracho o sobrio, cada vez que estoy cerca del jefe tengo que hacer verdaderos esfuerzos para no empezar a dar puñetazos a su gorda barriga como si fuera un saco de arena.» Le dije que había recibido una felicitación de Navidad de Marylee y le describí la foto de Addie que la acompañaba, y el dijo sí, Marylee le había enviado a él una foto muy similar: «Pero, ¿qué significa esto? ¿Lo que escribió..., "llamada de vuelta"?» Cuando intenté interpretar la frase tal como yo la entendía, él me cortó con un gruñido: era demasiado elucubrado para él; y observó: «Me gusta Marylee. Siempre he dicho que era una mujer muy agradable. Pero simple. Sólo un poco simple.»

5 de febrero de 1976: La semana pasada compré un marco para la instantánea de Addie. La coloqué sobre una mesa en mi dormitorio. Ayer la retiré y la metí en un cajón. Era demasiado inquietante, viva..., sobre todo el bostezo del gatito.

14 de febrero de 1976: Tres valentines: uno de una antigua maestra, la señorita Wood; otro de mi asesor fiscal; y un

tercero firmado: Con amor, Bob Quinn. Una broma, por supuesto. ¿Es ésa la idea que tiene Jake del humor negro?

15 de febrero de 1976: Llamó Jake, y me confesó que sí, que él había enviado el valentín. Le dije bueno, debía de estar borracho. Respondió: «Lo estaba.»

20 de abril de 1976: Una breve carta de Jake garabateada en un papel con membrete del motel de la Pradera: «Han sido tres días de recoger chismorreos, sobre todo en el café Okay. El jefe de correos sigue todavía en Honolulú. Juanita Quinn ha tenido un grave ataque al corazón. Me caía bien Juanita, así que me entristeció saberlo. Pero su marido está sano como una manzana. Que es como lo prefiero. No quiero que le pase nada a Quinn hasta que tenga mi confrontación final con él. Puede que la Oficina haya olvidado el asunto, pero no yo. Yo nunca lo olvidaré. Un saludo...»

10 de julio de 1976: Llamé a Jake la otra noche, pues hacía más de dos meses que no sabía nada de él. El hombre con el que hablé era un nuevo Jake Pepper; o más bien el antiguo Jake Pepper, vigoroso, optimista..., era como si al final hubiera emergido de un sueño embriagado, con sus músculos descansados y listos para el trabajo. Supe en seguida lo que lo había revivido: «Agarré al demonio por la cola. Un auténtico mirlo blanco.» El mirlo blanco, aunque contenía un elemento intrigante, resultó ser un asesinato de lo más vulgar; o eso me pareció. Un joven de veintidós años, que vivía solo en una modesta granja con su viejo abuelo. Al inicio de la primavera el nieto mató al viejo a fin de heredar su propiedad y robarle a la víctima el dinero que había ido acumulando debajo de un colchón. Los vecinos observaron la desaparición del granjero y vieron que el joven conducía un flamante coche nuevo. Fue notificada la policía, y pronto descubrieron que el nieto, que no tenía ninguna explicación para la repentina y completa ausencia de su familiar, había comprado el coche nuevo con dinero viejo en efectivo. El sospechoso ni admitió ni negó haber matado a su abuelo, aunque las autoridades estaban seguras de que lo había hecho. La dificultad estribaba en que no había ca-

dáver. Sin un cadáver no podían efectuar ningún arresto. Pero, por mucho que buscaron, la víctima permaneció invisible. La policía local pidió ayuda a la Oficina Estatal de Investigación, y Jake fue asignado al caso. «Es fascinante. Ese chico es más listo que el demonio. Fuera lo que fuese lo que le hizo al viejo, es diabólico. Y, si no podemos encontrar el cuerpo, quedará libre. Pero estoy seguro que está en alguna parte en esa granja. Todos los instintos me dicen que hizo pedacitos al abuelo y lo enterró en lugares distintos. Todo lo que necesito es la cabeza. La encontraré aunque tenga que arar todo el lugar hectárea por hectárea. Palmo a palmo.» Cuando colgué sentí una oleada de furia, y celos; no sólo un hormigueo, sino una auténtica puñalada, como si acabara de descubrir la traición de un amante. En realidad no quiero que Jake se interese por ningún caso excepto el caso que me interesa a mí.

20 de julio de 1976: Un telegrama de Jake. *Tenemos cabeza una mano dos pies stop. Me voy a pescar Jake.* Me pregunto por qué envió un telegrama en vez de llamar. ¿Puede imaginar que me resentiré de su éxito? Me siento complacido, porque conozco que su orgullo se ha visto al menos parcialmente restablecido. Sólo espero que allá donde haya «ido a pescar» sea algún lugar en las inmediaciones del río Azul.

22 de julio de 1976: Escribí una carta de felicitación a Jake, y le dije que me iba a ultramar por tres meses.

20 de diciembre de 1976: Una felicitación de Navidad de Sarasota: «Si alguna vez viene por aquí, por favor venga a visitarnos. Dios le bendiga. Marylee Connor.»

22 de febrero de 1977: Una nota de Marylee. «Todavía estoy suscrita al periódico de casa, y pensé que el recorte que le incluyo podía interesarle. He escrito a su esposo. Me envió una carta tan amable cuando el accidente de Addie.» El recorte era la necrológica de Juanita Quinn; había muerto mientras dormía. Sorprendentemente, no iba a haber funerales ni entierro, porque la fallecida había pedido ser incinerada y que sus cenizas fueran esparcidas sobre el río Azul.

23 de febrero de 1977: Llamé a Jake. Dijo, más bien aver-

gonzado: «¡Hey, socio! Ya casi es un desconocido.» De hecho le había escrito una carta desde Suiza, a la que él no había respondido; y aunque no conseguí comunicarme con él, le telefoneé dos veces durante las vacaciones de Navidad. «Oh, sí, estaba en Oregón.» Luego fui al asunto: la necrológica de Juanita Quinn. Predeciblemente, dijo: «Me siento suspicaz», y cuando le pregunté por qué respondió: «Las cremaciones siempre me vuelven suspicaz.» Hablamos otro cuarto de hora, pero fue una conversación falta de naturalidad, un esfuerzo por su parte. Quizás yo le hacía recordar cosas que, pese a toda su fuerza moral, estaba empezando a desear olvidar.

10 de julio de 1977: Llamó Jake, excitado. Anunció sin ningún preámbulo: «Como le dije, las cremaciones siempre me vuelven suspicaz. ¡Bob Quinn se ha casado de nuevo! Bueno, todo el mundo sabía que tenía otra familia, una mujer con cuatro hijos de los que él era el padre. Los mantenía ocultos en Appleton, un lugar a unos ciento cincuenta kilómetros al sudoeste. La semana pasada se casó con la dama. Trajo a su nueva esposa y a sus hijos al rancho, orgulloso como un gallo. Juanita debió revolverse en su tumba. Si *tiene* un tumba.» Estúpidamente, aturdido por la velocidad de la narración de Jake, pregunté: «¿Qué edades tienen los niños?» Respondió: «La más joven tiene diez y la mayor diecisiete. Todo chicas. Se lo digo, la ciudad es un rugir. De acuerdo, pueden aceptar los asesinatos, un par de homicidios no les molestan; pero que su brillante caballero, su gran Héroe de Guerra, se exhiba con su descarada puta y sus cuatro pequeños bastardos es demasiado para sus cejas presbiterianas.» Dije: «Lo siento por las niñas. Y también por la mujer.» Jake respondió: «Yo reservo mi pesar para Juanita. Si hubiera un cuerpo que exhumar, apostaría a que el coroner encontraría una hermosa dosis de nicotina dentro.» Murmuré: «Lo dudo. No le haría ningún daño a Juanita. Era una alcohólica. Él fue su salvador. La quería.» Suavemente, Jake dijo: «¿Y apuesto a que usted no cree que tuvo nada que ver con el accidente de Addie?» Respondí: «Él tenía intención de matarla. Puede que lo hubiera hecho, finalmente. Pero ella

74

se ahogó antes.» Jake dijo: «¡Ahorrándole el trabajo! Muy bien. Explique lo de Clem Anderson, los Baxter.» Dije: «Sí, todo eso fue obra de Quinn. Tuvo que hacerlo. Es un Mesías con una tarea que cumplir.» Jake gruñó: «Entonces, ¿por qué dejó que el jefe de correos se le escapara de entre los dedos?» Respondí: «¿Lo hizo? Apuesto a que el viejo señor Jaeger tiene una cita en Samarra. Quinn cruzará ese sendero algún día. No puede descansar hasta que esto ocurra. No está cuerdo, usted lo sabe.» Jake colgó, pero no antes de responder ácidamente: «¿Lo sabe usted?»

15 de diciembre de 1977: Vi una billetera de piel de cocodrilo negra en el escaparate de una tienda de empeños. Estaba en perfectas condiciones y tenía las iniciales J. P. La compré y, puesto que nuestra última conversación había terminado furiosamente (él estaba furioso, yo no), se la envié a Jake como un regalo de Navidad y una ofrenda de paz.

22 de diciembre de 1977: Una felicitación de Navidad de la fiel señora Connor: «¡Estoy trabajando para el circo! No, no soy acróbata. Soy recepcionista. ¡Es estupendo! Mis mejores deseos para el Año Nuevo.»

17 de enero de 1978: Una misiva de cuatro líneas pergeñada por Jake dándome las gracias por la billetera, de una forma seca e inadecuada. Soy receptivo a las alusiones. No le escribiré ni le llamaré de nuevo.

20 de diciembre de 1978: Una felicitación de Navidad de Marylee Connor, sólo su firma; nada de Jake.

12 de setiembre de 1979: Fred Wilson y su esposa pasaron por Nueva York la semana pasada, camino de Europa (su primer viaje), felices como unos recién casados. Los llevé a cenar; toda la charla se limitó a la excitación de su inminente viaje hasta que, mientras elegíamos el postre, Fred dijo: «Observo que no has mencionado a Jake.» Fingí sorpresa, y observé de forma casual que no había sabido nada de Jake desde hacía más de un año. Astutamente, Fred preguntó: «¿Habéis roto vuestra amistad?» Me encogí de hombros: «Nada tan drástico. Pero nunca hemos sido uña y carne.» Entonces Fred dijo:

«Jake ha tenido problemas de salud últimamente. Un enfisema. Se retira a finales de este mes. Bueno, no es asunto mío, pero creo que sería un hermoso gesto por tu parte si le llamaras. Justo ahora necesita una palmada en la espalda.»

14 de setiembre de 1979: Deberé estarle siempre agradecido a Fred Wilson: hizo que me resultara fácil tragarme mi orgullo y llamar a Jake. Hablamos esta mañana; fue como si hubiéramos hablado ayer, y anteayer. Nadie creería que había habido alguna interrupción en nuestra amistad. Me confirmó la noticia de su retiro: «¡Sólo me faltan dieciséis días!», y dijo que planeaba irse a vivir con su hijo en Oregón. «Pero antes que eso voy a pasar uno o dos días en el motel de la Pradera. Tengo algunas cosas por terminar en esa ciudad. Hay algunos documentos en el palacio de justicia que quiero robar para mis archivos. ¡Hey, escuche! ¿Por qué no vamos juntos y tenemos una auténtica reunión? Podría recogerle en Denver y hacer el resto del camino juntos en coche.» Jake no tuvo que presionarme demasiado; si él no me hubiera ofrecido la invitación, yo mismo lo hubiera sugerido: a menudo había soñado, tanto despierto como dormido, en regresar a aquel melancólico pueblo, porque deseaba ver a Quinn de nuevo..., verle y hablar con él, los dos solos.

Fue el segundo día de octubre.

Jake, tras declinar la oferta de acompañarme, me dejó su coche, y después de comer abandoné el motel de la Pradera para dirigirme al rancho B.Q. Recordaba la última vez que había recorrido aquel territorio: la luna llena, los campos de nieve, el cortante frío, el ganado apiñado en grupos, con su cálido aliento formando nubecillas de humo en el aire ártico. Ahora, en octubre, el paisaje era gloriosamente distinto: el asfalto de la carretera era como un brillante mar negro que partía en dos un continente dorado; a ambos lados, la paja blanqueada por el sol del trigo ya trillado llameaba, ondulaba con colores amarillos, con pinceladas de sombras bajo un cielo sin una nube. Los toros recorrían pausadamente aquellos pastos, y las vacas, entre ellas madres recientes con sus becerros, pastaban, dormitaban.

A la entrada del rancho una muchachita muy joven estaba reclinada contra un poste con un cartel, el de los tomahawks cruzados. Sonrió y me hizo señas de que me detuviera.

MUCHACHA: ¡Buenas tardes! Soy Nancy Quinn. Mi papá me envió a buscarle.

TC: Vaya, gracias.

NANCY QUINN (abriendo la puerta del coche y subiendo): Está pescando. Tengo que indicarle dónde se halla.

(Era una alegre muchachita de aspecto masculino y dientes sobresalientes de unos doce años. Llevaba el pelo leonado cortado muy corto, y su cuerpo estaba cubierto de pecas de arriba abajo. Sólo llevaba un viejo traje de baño. Una de sus rodillas estaba envuelta en un sucio vendaje.)

TC (refiriéndose al vendaje): ¿Te hiciste daño?

NANCY QUINN: No. Bueno, me tiraron.

TC: ¿Te tiraron?

NANCY QUINN: Chico Malo me tiró. Es un caballo malo. Por eso lo llamamos así. Ha tirado a todos los chicos del rancho. Y a la mayoría de mayores también. Yo dije bueno, apuesto a que puedo montarlo. Y lo hice. Durante dos segundos enteros. ¿Ha estado usted aquí antes?

TC: Una vez, hace años. Pero fue de noche. Recuerdo un puente de madera...

NANCY QUINN: ¡Está ahí delante!

(Cruzamos el puente; por fin vi el río Azul; pero fue un atisbo tan rápido y confuso como el vuelo de un colibrí, porque los árboles, sin hojas la otra vez, resplandecían ahora con una pantalla de follaje recortado por el otoño.)

¿Ha estado usted alguna vez en Appleton?

TC: No.

NANCY QUINN: ¿Nunca? Eso es curioso. Jamás he conocido a nadie que no haya estado nunca en Appleton.

TC: ¿Me he perdido algo?

NANCY QUINN: Oh, no, está bien. Nosotros vivíamos allí. Pero me gusta más aquí. Es más fácil salir por tu cuenta y hacer todas esas cosas que me gustan. Pescar. Dispararles a los coyotes. Mi papá me daba un dólar por cada coyote al que mataba; pero después de que tuvo que darme más de doscientos dólares lo recortó a diez centavos. Bueno, no necesito el dinero. No soy como mis hermanas. Ellas siempre tienen la cara metida en el espejo.

Tengo tres hermanas, y le diré que no se sienten demasiado felices aquí. No les gustan los caballos; lo odian casi todo. Chicos.. Eso es todo lo que tienen en la cabeza. Cuando vivíamos en Appleton no veíamos mucho a mi papá. Quizá una vez a la semana. Así que se ponían perfume y lápiz de labios y tenían montones de chicos a su alrededor. Esto le parecía bien a mamá. Es muy parecida a ellas, en algunos aspectos. Le gusta arreglarse y ponerse bonita. Pero mi papá es realmente estricto. No deja que mis hermanas tengan amigos. O se pongan lápiz de labios. Una vez algunos de sus antiguos amigos vinieron desde Appleton, y mi mamá salió a recibirles a la puerta con una escopeta; les dijo que la próxima vez que les viera en su propiedad les volaría la cabeza. ¡Huau, no vea como echaron a correr! Las chicas lloraron hasta ponerse enfermas. Pero a mí todo eso me hace reír.

¿Ve esa bifurcación en la carretera? Pare ahí.

(Detuve el coche; bajamos los dos. Señaló hacia una abertura entre los árboles: un oscuro y hojoso sendero que descendía hasta desaparecer.)

Sólo tiene que seguirlo.

TC (temeroso repentinamente de estar solo): ¿Tú no vienes conmigo?

NANCY QUINN: A mi papá no le gusta que haya nadie a su alrededor cuando habla de negocios.

TC: Bueno, gracias de nuevo.

NANCY QUINN: ¡Encantada!

Se alejó silbando.

Partes del sendero estaban tan invadidas por la vegetación que tuve que apartar ramas, protegerme el rostro contra las hojas. Zarzas y extrañas espinas se agarraron a mis pantalones; arriba en los árboles croaban y chillaban las cornejas. Vi un búho; es extraño ver a un búho a la luz del día; parpadeó pero no se movió. En una ocasión casi me metí de bruces en una colmena, un viejo tocón hueco atestado de zumbantes ovejas negras salvajes. Durante todo el camino pude oír siempre el río, un lento y suave murmurar burbujeante; tras una curva del sendero lo vi; y vi a Quinn también.

Llevaba un traje de caucho y sujetaba bien alta, como si fuera la batuta de un director de orquesta, una flexible caña de pescar. Permanecía hundido en el agua hasta la cintura, con la cabeza sin sombrero vuelta de perfil; su pelo ya no estaba salpicado de gris: era blanco como la espuma del agua alrededor de sus caderas. Deseé dar la vuelta y echar a correr, porque la escena me hacía recordar tan intensamente aquel otro día, aquella ocasión hacía mucho tiempo en la que el sosias de Quinn, el reverendo Billy Joe Snow, me había aguardado con el agua hasta la cintura. De pronto oí mi nombre; Quinn me estaba llamando y me hacía señas mientras vadeaba hacia la orilla.

Pensé en los jóvenes toros que había visto en los dorados pastos. Quinn, con su traje de caucho brillando por el agua, me los recordó: vital, poderoso, peligroso; excepto su pelo blanco, no había envejecido nada; de hecho parecía años más joven, un hombre de cincuenta años en perfecta salud.

Se acuclilló sonriendo sobre una roca y me hizo gestos de que me uniera a él. Me mostró algunas truchas que había pescado.

—Un poco pequeñas. Pero sabrosas en la mesa.

Mencioné a Nancy. Sonrió y dijo:

—Nancy. Oh, sí. Es una buena chica. —Lo dejó así. No se refirió a la muerte de su esposa o al hecho de que hubiera vuelto a casarse: supuso que yo estaba al tanto de su historia reciente—. Me sorprendió el que me llamara.

—¿Oh?

—No sé. Sólo me sorprendió. ¿Dónde se aloja usted?

—En el motel de la Pradera. ¿Dónde si no?

Tras un silencio, casi tímidamente, preguntó:

—¿Jake Pepper está con usted?

Asentí.

—Alguien me dijo que dejaba la Oficina.

—Sí. Va a irse a vivir a Oregón.

—Bueno, no creo que vuelva a ver de nuevo a ese viejo hijo-puta. Lástima. Hubiéramos podido ser auténticos amigos. Si no hubiera tenido todas esas sospechas. ¡Maldita sea su alma, incluso llegó a pensar que yo había ahogado a la pobre Addie Mason! —Se echó a reír; luego frunció el ceño—. De la forma en que lo veo, fue la mano de Dios. —Alzó su propia mano, y el río, visto por entre sus dedos abiertos, pareció ondular en los intersticios como una cinta oscura—. La obra de Dios. Su voluntad.

HUIDA
(1979)

Tiempo: Noviembre de 1970.
Lugar: Aeropuerto Internacional de Los Ángeles.

Estoy sentado en el interior de una cabina telefónica. Son un poco pasadas las once de la mañana, y llevo sentado aquí media hora, fingiendo hacer una llamada. Desde la cabina tengo una buena perspectiva de la Puerta 38, desde la que está previsto que parta el vuelo sin escalas del mediodía a Nueva York. Tengo un asiento reservado en ese vuelo, un billete comprado bajo un nombre supuesto, pero hay muchas razones para dudar de que llegue a subir alguna vez a bordo del avión. Por un lado hay dos hombres altos sentados junto a la puerta, tipos duros con sombreros con el ala caída sobre los ojos, y los conozco a ambos. Son detectives de la oficina del sheriff de San Diego, y llevan una orden de arresto con mi nombre. Por eso me oculto en la cabina telefónica. El hecho es que me encuentro en un auténtico apuro.

La causa de mi apuro tiene sus raíces en una serie de conversaciones que efectué hace un año con Robert M., un joven esbelto, delgado, de aspecto inofensivo que por aquel entonces se hallaba prisionero en el Corredor de la Muerte en San Quintín, aguardando su ejecución tras haber sido condenado por tres asesinatos: su madre y su hermana, a las que había matado a golpes, y un compañero de la prisión, un hombre al que había estrangulado mientras estaba detenido en espera de juicio

81

por los dos homicidios originales. Robert M. era un psicópata inteligente; había llegado a conocerle bien, y habló libremente conmigo de su vida y de sus crímenes, con el acuerdo de que yo no escribiría ni repetiría a nadie nada de lo que me dijera. Yo estaba efectuando una investigación sobre el tema de los asesinatos múltiples, y Robert M. era otra historia a incluir en mis archivos. Por lo que a mí se refería, eso era el final de todo.

Luego, dos meses antes de meterme en esa asfixiante cabina telefónica en el aeropuerto de Los Ángeles, recibí una llamada de un detective de la oficina del sheriff de San Diego. Me llamó a Palm Springs, donde yo tenía una casa. Fue amable y poseía una agradable voz; dijo que conocía las varias entrevistas que yo había efectuado a asesinos convictos, y que le gustaría hacerme algunas preguntas. Así que le invité a que acudiera a Springs y almorzara conmigo al día siguiente.

El caballero no llegó solo, sino con otros tres detectives de San Diego. Y aunque Palm Springs se halla muy metida en el desierto, había un fuerte olor a pescado en el aire. Sin embargo, fingí que no había nada extraño en encontrarme de pronto con cuatro invitados en vez de uno. Pero no estaban interesados en mi hospitalidad; de hecho, declinaron el almuerzo. Todo lo que deseaban era hablar acerca de Robert M. ¿Hasta qué punto le conocía? ¿Había admitido alguna vez ante mí sus crímenes? ¿Tenía alguna grabación de nuestras conversaciones? Dejé que formularan sus preguntas, y evité responderlas hasta que yo hube formulado mi propia pregunta: ¿Por qué estaban tan interesados en mi relación con Robert M.?

La razón era esta: Debido a un tecnicismo legal, un tribunal federal había invalidado la condena del señor Robert M. y había ordenado al estado de California que le garantizara un nuevo juicio. La fecha de inicio de este nuevo juicio había sido fijada para finales de noviembre; en otras palabras, aproximadamente dentro de dos meses. Luego, tras ofrecerme todos estos hechos, uno de los detectives me tendió un delgado documento de aspecto impresionantemente legal. Era una citación por la que se me ordenaba que me presentara en el juicio de Robert M., presumiblemente como testigo de la acusación. Muy bien, me habían engañado, y esto me ponía malditamente furioso, pero me limité a sonreír y asentir, y ellos sonrieron también y dijeron que yo era un buen tipo y que se sentían muy agradecidos de que mi testimonio ayudara a enviar a Robert M. directamente a la cámara de gas. ¡Ese lunático homicida! Se echaron a reír y dijeron adiós: «Nos veremos en el tribunal.»

No tenía intención de acudir a la citación, aunque me daba cuenta de las consecuencias de no hacerlo: sería arrestado por desacato al tribunal, multado y enviado a la cárcel. No tenía una alta opinión de Robert M. ni ningún deseo de protegerle; sabía que era culpable de los tres asesinatos de los que era acusado, y que era un psicópata peligroso al que no se le debería permitir estar en libertad. Pero también sabía que el estado tenía pruebas más que suficientes para volver a condenarle sin mi testimonio. Y el punto principal era que Robert M. había confiado en mi palabra de que no usaría ni repetiría nada de lo que me había dicho. Traicionarle bajo estas circunstancias sería moralmente despreciable, y demostraría a Robert M. y a todos los demás hombres a los que había entrevistado que habían puesto su confianza en un informador de la policía, un simple y llano soplón.

Consulté a varios abogados. Todos me dieron el mismo consejo: acude a la citación o espera lo peor. Todos simpatizaron con mi dilema, pero ninguno pudo ver una solución..., *a menos que abandonara California*. El desacato a un tribunal no era un delito extraditable, y una vez estuviera fuera del estado no había nada que las autoridades pudieran hacer para castigarme. Sí, había una cosa: no podría regresar *nunca* a California. Esto no representaba un gran problema para mí, aunque, debido a varios asuntos de propiedades y compromisos profesionales, me resultaba difícil marcharme en un plazo tan corto.

Perdí la noción del tiempo, y todavía estaba en Palm Springs el día que empezó el juicio. Aquella mañana mi casera, una devota amiga llamada Myrtile Bennett, entró corriendo en la casa gritando: «¡Apresúrese! Está en todas las emisoras. Han dictado orden de arresto contra usted. Estarán aquí en cualquier momento.»

Esto ocurrió veinte minutos antes de que la policía de Palm Springs llegara a la carga con las esposas preparadas (una escena de película de gángsters, pero créanme, en California la ley no es una institución con la que uno pueda jugar a la ligera). De todos modos, aunque pusieron patas arriba el jardín y registraron la casa de ático a sótano, todo lo que encontraron fue mi coche en el garaje y a la leal señora Bennett en la sala de estar. Les dijo que me había marchado a Nueva York el día anterior. No la creyeron, pero la señora Bennett era una figura formidable en Palm Springs, una mujer negra que había sido miembro distinguido y políticamente influyente de la comunidad durante cuarenta años, de modo que no discutieron con ella. Simplemente enviaron una alarma a los cuatro puntos cardinales pidiendo mi arresto.

¿Y dónde *estaba* yo? Bueno, iba por la autopista en el viejo Chevrolet azul polvo de la señora Bennett, un coche que ya no superaba los ochenta kilómetros por hora el día que lo compró. Pero imaginé que estaría más seguro en su coche que en el mío. No era que estuviese seguro en ninguna parte; me sobresaltaba constantemente, casi tanto como un barbo con un anzuelo clavado en la mejilla. Cuando llegué a Palm Desert, que está a unos treinta minutos de Palm Springs, salí de la autopista y me metí por la pequeña y solitaria carretera que serpentea alejándose del desierto en dirección a las montañas San Jacinto. Había hecho calor en el desierto, por encima de los treinta y ocho grados, pero a medida que ascendía por las desoladas montañas el aire se fue haciendo más fresco, luego frío, luego más frío. Lo cual estaba bien, excepto que la calefacción del Chevy no funcionaba, y todo lo que podía ponerme eran las ropas que llevaba encima cuando la señora Bennett entró corriendo en la casa con sus advertencias espoleadas por el pánico: sandalias, unos pantalones de lino blanco y un ligero suéter tipo polo. Me había marchado sólo con esto y mi billetera, que contenía las tarjetas de crédito y unos trescientos dólares en efectivo.

De todos modos tenía un destino en la cabeza, y un plan. Arriba en las montañas San Jacinto, a medio camino entre Palm Springs y San Diego, hay un pequeño pueblo llamado Idylwyld. En verano, la gente del desierto viaja hasta allí para escapar del calor; en invierno es una estación de esquí, aunque la calidad tanto de la nieve como de las pistas es discutible. Pero ahora, fuera de estación, era una triste colección de mediocres moteles y falsos chalés que podía resultar un buen lugar donde esconderme, al menos hasta que pudiera recuperar el aliento.

Estaba nevando cuando el viejo coche subió gruñendo la última cuesta hasta Idylwyld: una de esas nevadas jóvenes que cubren con un ligero manto el aire pero se disuelven apenas tocan el suelo. El pueblo estaba desierto, y la mayoría de los moteles cerrados. Finalmente me detuve en uno llamado Cabinas Esquimales. Buen Dios, las cabinas eran realmente tan heladas como iglús. Tenían una ventaja: el propietario, y al parecer el único ser humano allí, era un octogenario medio sordo mucho más interesado en el solitario que estaba haciendo que en mí.

Llamé a la señora Bennett, que se mostró muy excitada. «¡Oh, querido, lo están buscando por todas partes! ¡Está en todos los canales de la televisión!» Decidí que era mejor no decirle dónde estaba, pero le aseguré que me encontraba bien y que la llamaría de nuevo al día siguiente. Luego telefoneé a un buen amigo en Los Ángeles; él también estaba excitado: «¡Tu foto está en el *Examiner*!» Tras calmarle un poco, le di instrucciones específicas: que comprara un billete para un tal «George Thomas» en un vuelo directo a Nueva York, y me esperara en su casa a las diez de la mañana siguiente.

Tenía demasiado frío y estaba demasiado hambriento para dormir; me marché al amanecer, y llegué a Los Ángeles alrededor de las nueve. Mi amigo me aguardaba. Dejamos el Chevrolet en su casa y, después de engullir vorazmente algunos bocadillos y tanto brandy como mi cuerpo podía contener con seguridad, fuimos en su coche al aeropuerto, donde nos dijimos adiós y me dio el billete para el vuelo del mediodía que había reservado para mí en la TWA.

Así que por eso me hallo ahora agazapado en esta maldita cabina telefónica, sentado y rumiando en mi apuro. Un reloj encima de la puerta de salida señala la hora: las 11:35. La zona de pasajeros está atestada; pronto el avión estará listo para el embarque. Y allí, de pie a cada lado de la puerta por la que debo pasar, están dos de los caballeros que me visitaron en Palm Springs, dos altos y atentos detectives de San Diego.

Pensé en llamar a mi amigo, pedirle que regresara al aeropuerto y me recogiera en alguna parte del aparcamiento. Pero ya había hecho demasiado, y si éramos detenidos lo acusarían de ayudar a un fugitivo. Lo mismo era cierto para todos los muchos amigos que podían estar dispuestos a ayudarme. Quizá fuera más juicioso rendirme a los guardianes junto a la puerta. De otro modo, ¿qué? Sólo un milagro, por acuñar una frase, podía salvarme. Y no creemos en los milagros, ¿verdad?

Y, de pronto, se produce un milagro.

Ahí delante, avanzando con firmes zancadas junto a mi diminuta prisión de cristal, aparece una altiva y hermosa amazona negra llevando encima muchillones de dólares en diamantes y marta cebellina dorada, una estrella rodeada por un alegre y charlatán séquito de chicos del coro extravagantemente vestidos. ¿Y quién es esta deslumbrante aparición cuyo plumaje y presencia están creando una tal conmoción entre el público? ¡Una amiga! ¡Una vieja, vieja amiga!

TC (abriendo la puerta de la cabina; gritando): *¡Pearl!* ¡Pearl Bailey! (¡Un milagro! Ella me *oye*. Todos me oyen, todo su séquito.) ¡Pearl! Por favor, ven aquí...
PEARL (mirándome con los ojos entrecerrados, luego estallando en una radiante sonrisa): ¡Vaya, querido! ¿Qué haces escondido ahí?

TC (le hice señas de que se acercara; susurré): Pearl, escucha. Estoy en un terrible apuro.

PEARL (inmediatamente seria, porque es una mujer muy inteligente y al instante comprendió que, fuera lo que fuese, no era una broma): Cuéntame.

TC: ¿Estás en este avión a Nueva York?

PEARL: Sí, todos lo estamos.

TC: Tengo que subir a él, Pearl. Tengo un billete. Pero hay dos tipos aguardándome en la puerta para detenerme.

PEARL: ¿Qué tipos? (Se los señalé.) ¿Cómo pueden detenerte?

TC: Son detectives. Pearl, no tengo tiempo que explicártelo todo...

PEARL: No tienes que explicarme nada.

(Examinó su troupe de apuestos chicos del coro negros; tenía una media docena... A Pearl, recordé, siempre le gustaba viajar con mucha compañía. Hizo un gesto a uno de ellos para que se nos acercara; era delgado y ágil, con un sombrero de cowboy amarillo, una camiseta que decía CHÚPALA, MALDITA SEA, NO LA SOPLES, una cazadora de cuero blanco ribeteada en armiño, unos pantalones amarillos del tipo que se pusieron de moda en los años cuarenta para bailar el jitterbug, y zapatos amarillos con puntera.)

Éste es Jimmy. Es un poco más grande que tú, pero creo que servirá. Jimmy, lleva aquí a mi amigo a los servicios de caballeros y cambiaros la ropa. Jimmy, ni protestes, simplemente haz lo que Pearlie-May dice. Os esperaremos aquí. ¡Ahora apresuraos! Diez minutos más y perderemos el avión.

(La distancia entre la cabina telefónica y los servicios de caballeros era una carrera de diez metros. Nos encerramos en uno de los cubículos y empezamos el intercambio de guardarropa. Jimmy parecía encontrarlo muy divertido: se reía como una chica de primero de la universidad que acaba de fumarse su primer porro. Dije: «¡Pearl! Eso fue realmente un milagro. Nunca me he sentido tan feliz de ver a alguien. Nunca.» Y Jimmy respondió: «Oh, la señorita Bailey tiene auténtico espíritu. Es todo corazón, ¿sabe lo que quiero decir? Todo corazón.»

Hubo un tiempo en el que me hubiera mostrado en desacuerdo con él, una época en la que hubiera descrito a Pearl Bailey como una zorra sin corazón. Eso fue cuando interpretaba a Madame Fleur, el papel principal de *Casa de flores*, un musical para el que yo había escrito el libreto y, con Harold Arlen, la letra de las canciones. Había muchos hombres de talento metidos en aquella aventura: el director era Peter Brook; el coreógrafo George Balanchine; Oliver Messel era el responsable de los legendarios y encantadores decorados y del vestuario. Pero Pearl Bailey se mostró tan fuerte, tan decidida a hacer las cosas a su manera, que dominó toda la producción, lo cual en definitiva redundó en perjuicio de la obra. Sin embargo, vive y aprende, olvida y perdona, y cuando la obra terminó su ciclo en Broadway Pearl y yo éramos amigos de nuevo. Aparte sus habilidades como actriz, llegué a respetar su carácter; en ocasiones podía resultar desagradable tratar con ella, pero ciertamente lo tenía: era una mujer de carácter..., uno sabía siempre quién era y dónde estaba.

Mientras Jimmy se embutía en mis pantalones, que le iban embarazosamente estrechos, y yo me ponía su cazadora de cuero blanco ribeteada en armiño, hubo una agitada llamada a la puerta.)

VOZ DE HOMBRE: ¡Hey! ¿Qué pasa ahí dentro?

JIMMY: ¿Y quién eres exactamente *tú*, si puede saberse?

VOZ DE HOMBRE: Soy el encargado. Y no se hagan los listos. Lo que está pasando ahí dentro va contra la ley.

JIMMY: No me digas.

ENCARGADO: Veo cuatro pies ahí dentro. Veo que alguien se está quitando la ropa. ¿Se piensan que soy tan estúpido que no sé lo que está pasando? Va contra la ley. Va contra la ley que dos hombres se encierren en un mismo cubículo de los servicios al mismo tiempo.

JIMMY: Oh, que te den por el culo.

ENCARGADO: Voy a avisar a la policía. Ellos les explicarán lo que es L y L.

JIMMY: ¿Y qué demonios es L y L?

ENCARGADO: Conducta lujuriosa y lasciva. Sí señor. Voy a avisar a la policía.

TC: Jesús, María y José...

ENCARGADO: ¡Abran esa puerta!

TC: Está usted completamente equivocado.

ENCARGADO: Sé muy bien lo que veo. Veo cuatro pies.

TC: Estamos cambiando nuestro vestuario para la próxima escena.

ENCARGADO: ¿La próxima escena de qué?

TC: De la película. Estamos preparándonos para rodar la próxima escena.

ENCARGADO (curioso e impresionado de pronto): ¿Están rodando una película ahí fuera?

JIMMY (tomando el pie): Con Pearl Bailey. Ella es la estrella. Y también está Marlon Brando.

TC: Y Kirk Douglas.

JIMMY (mordiéndose los nudillos para evitar echarse a reír): Y Shirley Temple. Esta película es su retorno a las pantallas.

ENCARGADO (crédulo pero incapaz de creérselo): Bueno, sí, ¿y quiénes son ustedes?

TC: Sólo somos extras. Por eso no tenemos camerino.

ENCARGADO: Eso no tiene nada que ver conmigo. Dos hombres, cuatro pies. Va contra la ley.

JIMMY: Mire fuera. Verá a Pearl Bailey en persona. Y a Marlon Brando. Kirk Douglas. Shirley Temple. Mathama Gandhi..., también está en la película. Sólo un cameo.

ENCARGADO: ¿Quién?

JIMMY: Mamie Eisenhower.

TC (abriendo la puerta, tras completar el intercambio de prendas; mi ropa no le sentaba mal a Jimmy, pero sospeché que su atuendo, sobre mi persona, produciría un efecto galvanizante, y la expresión del rostro del encargado, un negro bajito y de pelo erizado, confirmó mis expectativas):

Lo siento. No nos dimos cuenta de que iba contra las reglas. JIMMY (pasando mayestático junto al encargado, que parecía demasiado desconcertado para decir nada): Síguenos, corazón. Te presentaremos a la panda. Puede que consigas algunos autógrafos.

(Finalmente salimos al corredor, y una Pearl muy seria me rodeó con un abrazo de marta cebellina; sus compañeros se cerraron a nuestro alrededor en un círculo de ocultación. No hubo chistes ni bromas. Mis nervios estaban de punta como los pelos de un gato golpeado por un rayo, y en cuanto a Pearl, esas cualidades suyas que en su tiempo me alarmaron –su fuerza, su voluntad– fluían de ella como la energía de una catarata.)

PEARL: Desde ahora manténte quieto. Diga yo lo que diga, tú ni abras la boca. Cálate más el sombrero. Reclínate contra mí como si estuvieras débil y enfermo.

Así, estupendo. Avanzamos hacia el mostrador. Jimmy tiene todos los billetes. Ya han hecho la última llamada para el embarque, así que no hay demasiada gente. Esos pies planos no se han movido ni un centímetro, pero parecen cansados y como hartos. Ahora nos están mirando. Los dos. Cuando pasemos junto a ellos los chicos los distraerán y empezarán a lanzarse pullas. Ahí viene alguien. Reclínate más, gime un poco..., es uno de los VIPs de la TWA. Observa a mamá en su gran actuación... (Cambiando la voz y adoptando su yo teatral, arrastrando las palabras y dándoles un tono algo gutural y ligeramente cansino.) ¿Señor... (sin duda mirando su tarjeta de identificación) Calloway? Oh, es usted un ángel por ayudarnos. No sabe cuánto se lo agradecemos. Tenemos que subir a este avión tan pronto como sea posible. Aquí, mi amigo –es uno de mis músicos– se encuentra terriblemente mal. Apenas puede andar. Hemos estado actuando en Las Vegas, y quizá tomó demasiado el sol. El sol puede pudrirte el cerebro y el estómago. O quizás haya sido su dieta. Los músicos comen cosas raras. Sobre todo los pianistas. Apenas hemos comido otra cosa que perritos calientes. La última noche se comió diez. Yo digo que eso no puede ser sano. No me sorprende que se sienta envenenado. ¿Le sorprende a usted, señor Calloway? Bueno, no creo que le sorprenda mucho, estando en el negocio de los aviones. Todos esos secuestros que no dejan de producirse. Y criminales por todas partes. Tan pronto como lleguemos a Nueva York llevaré a mi amigo directamente al médico. Voy a decirle al médico que le ordene que se mantenga lejos del sol y deje de comer perritos calientes. Oh, gracias, señor Calloway. No, yo ocuparé el asiento del pasillo. Pondremos a mi amigo junto a la ventanilla. Se sentirá mejor cerca de ella. Todo ese aire fresco.

Bien, muchacho. Ya puedes abrir los ojos.

TC: Creo que los mantendré cerrados. Hace que todo sea más como un sueño.

PEARL (relajada, con una risita): Sea como sea, lo conseguimos. Tus amigos ni siquiera te vieron. Cuando pasamos, Jimmy lió a uno, y Billy le pisó los callos al otro.

TC: ¿Dónde está Jimmy?

PEARL: Todos los chicos están en turista. Las ropas de Jimmy te mejoran. Te realzan más. Sobre todo los zapatos..., me encantan estas punteras.

AZAFATA: Buenos días, señorita Bailey. ¿Le apetece una copa de champán?

PEARL: No, cariño. Pero quizá mi amigo sí quiera algo.

TC: Coñac.

AZAFATA: Lo siento, señor, pero sólo servimos champán hasta después del despegue.

PEARL: El hombre quiere brandy.

AZAFATA: Lo siento, señorita Bailey. No está permitido.

PEARL (en un tono suave pero metálico, que me resultaba familiar de los ensayos de *Casa de flores*): Tráigale al hombre su brandy. Toda la botella. Ahora.

(La azafata trajo el brandy, y yo me serví una generosa dosis con mano insegura: hambre, cansancio, ansiedad, los mareantes acontecimientos de las últimas veinticuatro horas, estaban presentando su factura. Me concedí otra copa y empecé a sentirme un poco ligero.)

91

TC: Supongo que debo contarte de qué va todo esto.

PEARL: No necesariamente.

TC: Entonces no lo haré. De esta forma tendrás la conciencia libre. Sólo te diré que no he hecho nada que una persona sensata calificaría como criminal.

PEARL (tras consultar su reloj de pulsera de diamantes): En estos momentos deberíamos estar sobrevolando Palm Beach. He oído cerrarse la puerta hace una eternidad. ¡Azafata!

AZAFATA: ¿Sí, señorita Bailey?

PEARL: ¿Qué ocurre?

AZAFATA: Oh, el capitán va a...

VOZ DEL CAPITÁN (por los altavoces): Señoras y caballeros, lamentamos el retraso. Despegaremos dentro de unos momentos. Gracias por su paciencia.

TC: Jesús, José y María.

PEARL: Da otro trago. Estás temblando. Parece como si fuera una noche de estreno. Quiero decir, no puede ser *tan* malo.

TC: Es peor. Y no puedo dejar de temblar..., no hasta que estemos en el aire. Quizá no hasta que hayamos aterrizado en Nueva York.

PEARL: ¿Sigues viviendo en Nueva York?

TC: Gracias a Dios.

PEARL: ¿Recuerdas a Louis? ¿Mi marido?

TC: Louis Bellson. Por supuesto. El más grande batería del mundo. Mejor que Gene Krupa.

PEARL: Los dos trabajamos tanto en Las Vegas que fue lógico comprar una casa allí. Me he convertido en una auténtica ama de casa. Cocino mucho. Estoy escribiendo un libro de cocina. Vivir en Las Vegas es como vivir en cualquier otro sitio, siempre que te mantengas alejado de los indeseables. Jugadores. Desempleados. Cada vez que un hombre me dice que trabajaría si pudiera conseguir un trabajo, le respondo que mire en la guía telefónica, en la G. De gigoló. Allí encontrará trabajo. En Las Vegas, al menos. Es una ciudad de mujeres desesperadas. Yo tengo suerte; encontré al hombre adecuado y tuve el buen sentido de reconocerlo.

TC: ¿Vas a trabajar a Nueva York?

PEARL: En el Persian Room.

VOZ DEL CAPITÁN: Lo siento, damas y caballeros, pero nos retrasaremos unos minutos más. Por favor permanezcan sentados. Aquellos que deseen fumar pueden hacerlo.

PEARL (envarada de pronto): Esto no me gusta. Están abriendo la puerta.

TC: ¿Qué?

PEARL: *Están abriendo la puerta*.

TC: Jesús, José...

PEARL: No me gusta esto.

TC: Jesús, José...

PEARL: Húndete en el asiento. Échate el sombrero sobre la cara.

TC: Tengo miedo.

PEARL (agarrando mi mano, apretándola): Ronca.

TC: ¿Roncar?

PEARL: ¡Ronca!

TC: Me atraganto. *No puedo* roncar.

PEARL: Será mejor que empieces a intentarlo, porque nuestros amigos están cruzando esa puerta. Parece como si quisieran registrar el aparato. De arriba abajo.

TC: Jesús, José...

PEARL: Ronca, bergante, ronca.

(Ronqué, y ella incrementó la presión de su mano sobre la mía, y empezó al mismo tiempo a canturrear una baja y suave cancioncilla, como una madre tranquilizando a un niño nervioso. Durante todo el tiempo otro canturreo nos rodeaba: voces humanas preocupadas por lo que estaba ocurriendo en el avión, cuál podía ser el propósito de los dos hombres misteriosos que recorrían arriba y abajo el pasillo, deteniéndose de tanto en tanto para escrutar a un pasajero. Pasaron los minutos. Los fui contando: seis, siete. Tic-tac-tic-tac. Al final Pearl dejó de canturrear su melodía maternal y retiró su mano de la mía. Entonces oí la gran puerta redonda del avión cerrarse con un chasquido.)

TC: ¿Se han ido?

PEARL: Ajá. Pero, sea lo que sea lo que estaban buscando, lo buscaban desesperadamente.

Sin lugar a dudas. Aunque el nuevo juicio de Robert M. terminó exactamente como yo había predicho, y el jurado dictó un veredicto de culpabilidad en las tres acusaciones de asesinato en primer grado, los tribunales de California siguieron viendo con malos ojos mi negativa a cooperar con ellos. No fui muy consciente de eso; pensé que con el tiempo la cosa se olvidaría. Así que no dudé en regresar a California cuando un año más tarde se presentó algo que requería al menos una breve visita allí. Bien, apenas me había registrado en el hotel Bel Air cuando fui arrestado y llevado ante un agrio y severo juez que me impuso una multa de cinco mil dólares y dictó una sentencia indefinida en la cárcel del condado de Orange, lo cual significaba que podían mantenerme encerrado allí durante semanas o meses o años. Sin embargo, fui liberado muy pronto porque la orden de arresto a mi nombre contenía un pequeño pero significativo error: en ella constaba como residente legal en California, cuando de hecho yo residía en Nueva York, un hecho que hacía que mi acusación, condena y encarcelamiento, fueran nulos.

Pero todo esto estaba aún muy lejos en el tiempo y ninguno pensábamos en ello cuando el plateado aparato que albergaba a Pearl y a su amigo fuera de la ley despegó para surcar los etéreos cielos de noviembre. Observé la sombra del avión deslizarse sobre el desierto y cruzar el Gran Cañón. Hablamos y reímos y comimos y cantamos. Las estrellas y el lila del anochecer llenaron el aire, y las montañas Rocosas, envueltas en nieve azul, se alzaron allá delante, con la rodaja de limón de la luna casi nueva flotando encima de ellas.

TC: Mira, Pearl. La luna. Formulemos un deseo.

PEARL: ¿Qué vas a desear?

TC: Deseo poder ser siempre tan feliz como lo soy en este preciso instante.

PEARL: Oh, cariño, esto es pedir milagros. Desea algo real.

TC: Pero yo creo en los milagros.

PEARL: Entonces todo lo que puedo decirte es: no empieces nunca a jugar.

ÍNDICE